I0663312

My life

Anton Pavlovich Chekhov

Моя жизнь

Антон Павлович Чехов

My life

Copyright © 2018 by Indo-European Publishing
All rights reserved.

ISNB: 978-1-60444-851-1

Моя жизнь

© Индоевропейских Издание , 2018

ISNB: 978-1-60444-851-1

Моя жизнь

Рассказ провинциала

I

Управляющий сказал мне: «Держу вас только из уважения к вашему почтенному батюшке, а то бы вы у меня давно полетели». Я ему ответил: «Вы слишком льстите мне, ваше превосходительство, полагая, что я умею летать». И потом я слышал, как он сказал: «Уберите этого господина, он портит мне нервы».

Дня через два меня уволили. Итак, за все время, пока я считаюсь взрослым, к великому огорчению моего отца, городского архитектора, я переменил девять должностей. Я служил по различным ведомствам, но все эти девять должностей были похожи одна на другую, как капли воды: я должен был сидеть, писать, выслушивать глупые или грубые замечания и ждать, когда меня уволят.

Отец, когда я пришел к нему, сидел глубоко в кресле, с закрытыми глазами. Его лицо, тощее, сухое, с сизым отливом на бритых местах (лицом он походил на старого католического органиста), выражало смирение и покорность. Не отвечая на мое приветствие и не открывая глаз, он сказал:

— Если бы моя дорогая жена, а твоя мать была жива, то твоя жизнь была бы для нее источником постоянной скорби. В ее преждевременной смерти я усматриваю промысл божий. Прошу тебя, несчастный, — продолжал он, открывая глаза, — научи: что мне с тобою делать?

Прежде, когда я был помоложе, мои родные и знакомые знали, что со мною делать: одни советовали мне поступить в вольноопределяющиеся, другие — в аптеку, третьи — в телеграф; теперь же, когда мне уже минуло двадцать пять, и показалась даже седина в висках, и когда я побывал уже и в вольноопределяющихся, и в фармацевтах, и на телеграфе, все земное для меня, казалось, было уже исчерпано, и уже мне не советовали, а лишь вздыхали или покачивали головами.

— Что ты о себе думаешь? — продолжал отец. — В твои годы молодые люди имеют уже прочное общественное положение, а ты взгляни на себя: пролетарий, нищий, живешь на шее отца!

И, по обыкновению, он стал говорить о том, что теперешние молодые люди гибнут, гибнут от неверия, материализма и излишнего самомнения и что надо запретить любительские спектакли, так как они отвлекают молодых людей от религии и обязанностей.

— Завтра мы пойдем вместе, и ты извинишься перед управляющим и пообещаешь ему служить добросовестно, — заключил он. — Ни одного дня ты не должен оставаться без общественного положения.

— Я прошу вас выслушать меня, — сказал я угрюмо, не ожидая ничего хорошего от этого разговора. — То, что вы называете общественным положением, составляет привилегию капитала и образования. Небогатые же и необразованные люди добывают себе кусок хлеба физическим трудом, и я не вижу основания, почему я должен быть исключением.

— Когда ты начинаешь говорить о физическом труде, то это выходит глупо и пошло! — сказал отец с раздражением. — Пойми ты, тупой человек, пойми, безмозглая голова, что у тебя, кроме грубой физической силы, есть еще дух божий, святой огонь, который в высочайшей степени отличает тебя от осла или от гада и приближает к божеству! Этот огонь добывался тысячи лет лучшими из людей. Твой прадед Полознев, генерал, сражался при Бородине, дед твой был поэт, оратор и предводитель дворянства, дядя – педагог, наконец, я, твой отец, – архитектор! Все Полозневы хранили святой огонь для того, чтобы ты погасил его!

– Надо быть справедливым, – сказал я. – Физический труд несут миллионы людей.

– И пускай несут! Другого они ничего не умеют делать! Физическим трудом может заниматься всякий, даже набитый дурак и преступник, этот труд есть отличительное свойство раба и варвара, между тем как огонь дан в удел лишь немногим!

Продолжать этот разговор было бесполезно. Отец обожал себя, и для него было убедительно только то, что говорил он сам. К тому же я знал очень хорошо, что это высокомерие, с каким он отзывался о черном труде, имело в своем основании не столько соображения насчет святого огня, сколько тайный страх, что я поступлю в рабочие и заставлю говорить о себе весь город; главное же, все мои сверстники давно уже окончили в университете и были на хорошей дороге, и сын управляющего конторой Государственного банка был уже коллежским асессором, я же, единственный сын, был ничем! Продолжать разговор было бесполезно и неприятно, но я все сидел и слабо возражал, надеясь, что меня наконец поймут. Ведь весь вопрос стоял просто и ясно и только касался способа, как мне добыть кусок хлеба, но простоты не видели, а говорили мне, слащаво округляя фразы, о Бородине, о святом огне, о дяде, забытом поэте, который когда-то писал плохие и фальшивые стихи, грубо обзывали меня безмозглою головой и тупым человеком. А как мне хотелось, чтобы меня поняли! Несмотря ни на что, отца и сестру я люблю, и во мне с детства засела привычка спрашиваться у них, засела так крепко, что я едва ли отделаюсь от нее когда-нибудь; бываю я прав или виноват, но я постоянно боюсь огорчить их, боюсь, что вот у отца от волнения покраснела его тощая шея и как бы с ним не сделался удар.

— Сидеть в душной комнате, — проговорил я, — переписывать, соперничать с пишущею машиной для человека моих лет стыдно и оскорбительно. Может ли тут быть речь о святом огне!

— Все-таки это умственный труд, — сказал отец. — Но довольно, прекратим этот разговор, и во всяком случае я предупреждаю: если ты не поступишь опять на службу и последуешь своим презренным наклонностям, то я и моя дочь лишим тебя нашей любви. Я лишу тебя наследства — клянусь истинным богом!

Совершенно искренно, чтобы показать всю чистоту побуждений, какими я хотел руководиться во всей своей жизни, я сказал:

— Вопрос о наследстве для меня не представляется важным. Я заранее отказываюсь от всего.

Почему-то, совершенно неожиданно для меня, эти слова сильно оскорбили отца. Он весь побагровел.

— Не смей так разговаривать со мною, глупец! — крикнул он тонким, визгливым голосом. — Негодяй! — И быстро и ловко, привычным движением ударил меня по щеке раз и другой. — Ты стал забываться!

В детстве, когда меня бил отец, я должен был стоять прямо, руки по швам, и глядеть ему в лицо. И теперь, когда он бил меня, я совершенно терялся и, точно мое детство все еще продолжалось, вытягивался и старался смотреть прямо в глаза. Отец мой был стар и очень худ, но, должно быть, тонкие мышцы его были крепки, как ремни, потому что дрался он очень больно.

Я попятился назад в переднюю, и тут он схватил свой зонтик и несколько раз ударил меня по голове и по плечам; в это время сестра отворила из гостиной дверь, чтобы узнать, что за шум, но тотчас же с выражением ужаса и жалости отвернулась, не сказав в мою защиту ни одного слова.

Намерение мое не возвращаться в канцелярию, а начать

новую рабочую жизнь, было во мне непоколебимо. Оставалось только выбрать род занятия – и это не представлялось особенно трудным, так как мне казалось, что я был очень силен, вынослив, способен на самый тяжкий труд. Мне предстояла однообразная рабочая жизнь с проголодью, вонью и грубостью обстановки, с постоянною мыслью о заработке и куске хлеба. И – кто знает? – возвращаясь с работы по Большой Дворянской, я, быть может, не раз еще позавидую инженеру Должикову, живущему умственным трудом, но теперь думать обо всех этих будущих моих невзгодах мне было весело. Когда-то я мечтал о духовной деятельности, воображая себя то учителем, то врачом, то писателем, но мечты так и остались мечтами. Наклонность к умственным наслаждениям, – например, к театру и чтению, – у меня была развита до страсти, но была ли способность к умственному труду, – не знаю. В гимназии у меня было непобедимое отвращение к греческому языку, так что меня должны были взять из четвертого класса. Долго ходили репетиторы и приготовляли меня в пятый класс, потом я служил по различным ведомствам, проводя большую часть дня совершенно праздно, и мне говорили, что это – умственный труд; моя деятельность в сфере учебной и служебной не требовала ни напряжения ума, ни таланта, ни личных способностей, ни творческого подъема духа: она была машинной; а такой умственный труд я ставлю ниже физического, презираю его и не думаю, чтобы он хотя одну минуту мог служить оправданием праздной, беззаботной жизни, так как сам он не что иное, как обман, один из видов той же праздности. По всей вероятности, настоящего умственного труда я не знал никогда.

Наступил вечер. Мы жили на Большой Дворянской – это была главная улица в городе, и на ней по вечерам, за неимением порядочного городского сада, гулял наш beau monde (Высший свет (франц.)).Эта прелестная улица отчасти заменяла сад, так как по обе стороны ее росли тополи, которые благоухали, особенно после дождя, и из-за заборов и палисадников нависали акации, высокие кусты сирени, черемуха, яблони. Майские сумерки, нежная молодая зелень с тенями, запах сирени, гуденье жуков, тишина, тепло — как все это ново и как необыкновенно, хотя весна повторяется каждый год! Я стоял у калитки и смотрел на гуляющих. С большинством из них я рос и когда-то шалил вместе, теперь же близость моя могла бы смутить их, потому что одет я был бедно, не по моде, и про мои очень узкие брюки и большие, неуклюжие сапоги говорили, что это у меня макароны на кораблях. К тому же в городе у меня была дурная репутация оттого, что я не имел общественного положения и часто играл в дешевых трактирах на бильярде, и еще оттого, быть может, что меня два раза, без всякого с моей стороны повода, водили к жандармскому офицеру.

В большом доме напротив, у инженера Должикова играли на рояле. Начинало темнеть, и на небе замигали звезды. Вот медленно, отвечая на поклоны, прошел отец в старом цилиндре с широкими загнутыми вверх полями, под руку с сестрой.

— Взгляни! — говорил он сестре, указывая на небо тем самым зонтиком, которым давеча бил меня. — Взгляни на небо! Звезды, даже самые маленькие, — все это миры! Как ничтожен человек в сравнении со вселенной!

И говорил он это таким тоном, как будто ему было чрезвычайно лестно и приятно, что он так ничтожен. Что это за бездарный человек! К сожалению, он был у нас единственным архитектором, и за последние пятнадцать-двадцать лет, на моей памяти, в городе не было построено ни одного порядочного дома. Когда ему заказывали план, то он обыкновенно чертил сначала зал и гостиную; как в былое время институтки могли танцевать только от печки, так и его художественная идея могла исходить и развиваться только от зала и гостиной. К ним он пририсовывал столовую, детскую, кабинет, соединяя комнаты дверями, и потом все они неизбежно оказывались проходными, и в каждой было по две, даже по три лишние двери. Должно быть, идея у него была неясная, крайне спутанная, куцая; всякий раз, точно чувствуя, что чего-то не хватает, он прибегал к разного рода пристройкам, присаживая их одну к другой, и я, как сейчас, вижу узкие сенцы, узкие коридорчики, кривые лестнички, ведущие в антресоли, где можно стоять только согнувшись и где вместо пола – три громадных ступени вроде банных полок; а кухня непременно под домом, со сводами и с кирпичным полом. У фасада упрямое, черствое выражение, линии сухие, робкие, крыша низкая, приплюснутая, а на толстых, точно сдобных трубах непременно проволочные колпаки с черными, визгливыми флюгерами. И почему-то все эти выстроенные отцом дома, похожие друг на друга, смутно напоминали мне его цилиндр, его затылок, сухой и упрямый. С течением времени в городе к бездарности отца пригляделись, она укоренилась и стала нашим стилем.

Этот стиль отец внес и в жизнь моей сестры. Начать с того, что он назвал ее Клеопатрой (как меня назвал Мисаилом). Когда она была еще девочкой, он пугал ее напоминанием о звездах, о древних мудрецах, о наших предках, подолгу объяснял ей, что такое жизнь, что такое долг; и теперь, когда ей было уже двадцать шесть лет, продолжал то же самое, позволяя ей ходить под руку только с ним одним и воображая почему-то, что рано или поздно должен явиться приличный молодой человек, который пожелает вступить с нею в брак из уважения к его личным качествам. А она обожала отца, боялась и верила в его необыкновенный ум.

Стало совсем темно, и улица мало-помалу опустела. В доме, что напротив, затихла музыка; отворились настежь ворота, и по нашей улице, балуясь, мягко играя бубенчиками,

7

покатила тройка. Это инженер с дочерью поехал кататься. Пора спать!

В доме у меня была своя комната, но жил я на дворе в хибарке, под одною крышей с кирпичным сараем, которую построили когда-то, вероятно, для хранения сбруи, – в стены были вбиты большие костыли, – теперь же она была лишней, и отец вот уже тридцать лет складывал в ней свою газету, которую для чего-то переплетал по полугодиям и не позволял никому трогать. Живя здесь, я реже попадался на глаза отцу и его гостям, и мне казалось, что если я живу не в настоящей комнате и не каждый день хожу в дом обедать, то слова отца, что я живу у него на шее, звучат уже как будто не так обидно.

Меня поджидала сестра. Она тайно от отца принесла мне ужин: небольшой кусочек холодной телятины и ломтик хлеба. У нас в доме часто повторяли: «деньги счет любят», «копейка рубль бережет» и тому подобное, и сестра, подавленная этими пошлостями, старалась только о том, как бы сократить расходы, и оттого питались мы дурно. Поставив тарелку на стол, она села на мою постель и заплакала.

– Мисаил, – сказала она, – что ты с нами делаешь?

Она не закрывала лица, слезы у нее капали на грудь и на руки, и выражение было скорбное. Она упала на подушку и дала волю слезам, вздрагивая всем телом и всхлипывая.

– Ты опять оставил службу… – проговорила она. – О, как это ужасно!

– Но пойми, сестра, пойми… – сказал я, и оттого, что она плакала, мною овладело отчаяние.

Как нарочно, в лампочке моей выгорел уже весь керосин, она коптила, собираясь погаснуть, и старые костыли на стенах глядели сурово, и тени их мигали.

– Пощади нас! – сказала сестра, поднимаясь. – Отец в страшном горе, а я больна, схожу с ума. Что с тобою будет? – спрашивала она, рыдая и протягивая ко мне руки. – Прошу тебя, умоляю, именем нашей покойной мамы прошу: иди опять на службу!

— Не могу, Клеопатра! — сказал я, чувствуя, что еще немного — и я сдамся. — Не могу!

— Почему? — продолжала сестра. — Почему? Ну, если не поладил с начальником, ищи себе другое место. Например, отчего бы тебе не пойти служить на железную дорогу? Я сейчас говорила с Анютой Благово, она уверяет, что тебя примут на железную дорогу, и даже обещала похлопотать за тебя. Бога ради, Мисаил, подумай! Подумай, умоляю тебя!

Мы поговорили еще немного, и я сдался. Я сказал, что мысль о службе на строящейся железной дороге мне еще ни разу не приходила в голову и что, пожалуй, я готов попробовать.

Она радостно улыбнулась сквозь слезы и пожала мне руку и потом все еще продолжала плакать, так как не могла остановиться, а я пошел в кухню за керосином.

II

Среди охотников до любительских спектаклей, концертов и живых картин с благотворительной целью первое место в городе принадлежало Ажогиным, жившим в собственном доме на Большой Дворянской; они всякий раз давали помещение, и они же принимали на себя все хлопоты и расходы. Эта богатая помещичья семья имела в уезде тысяч около трех десятин с роскошною усадьбой, но деревни не любила и жила зиму и лето в городе. Состояла она из матери, высокой, худощавой, деликатной дамы, носившей короткие волосы, короткую кофточку и плоскую юбку на английский манер, — и трех дочерей, которых, когда говорили о них, называли не по именам, а просто: старшая, средняя и младшая. Все они были с некрасивыми острыми подбородками, близоруки, сутулы, одеты так же, как мать, неприятно шепелявили и все-таки, несмотря на это, обязательно участвовали в каждом представлении и постоянно делали что-нибудь с благотворительною целью – играли, читали, пели. Они были очень серьезны и никогда не улыбались и даже в водевилях с пением играли без малейшей веселости, с деловым видом, точно занимались бухгалтерией.

Я любил наши спектакли, а особенно репетиции, частые, немножко бестолковые, шумные, после которых нам всегда давали ужинать. В выборе пьес и в распределении ролей я не принимал никакого участия. На мне лежала закулисная часть. Я писал декорации, переписывал роли, суфлировал, гримировал, и на меня было возложено также устройство разных эффектов вроде грома, пения соловья и т. п. Так как у меня не было общественного положения и порядочного платья, то на репетициях я держался особняком, в тени кулис, и застенчиво молчал.

Декорации писал я у Ажогиных в сарае или на дворе. Мне помогал маляр, или, как он сам называл себя, подрядчик малярных работ, Андрей Иванов, человек лет пятидесяти, высокий, очень худой и бледный, с впалою грудью, с впалыми висками и с синевой под глазами, немножко даже страшный на вид. Он был болен какою-то изнурительною болезнью, и каждую осень и весну говорили про него, что он отходит, но он, полежавши, вставал и потом говорил с удивлением: «А я опять не помер!»

В городе его звали Редькой и говорили, что это его настоящая фамилия. Он любил театр так же, как я, и едва до него доходили слухи, что у нас затевается спектакль, как он бросал все свои работы и шел к Ажогиным писать декорации.

На другой день после объяснения с сестрой я с утра до вечера работал у Ажогиных. Репетиция была назначена в семь часов вечера, и за час до начала в зале уже были в сборе все любители, и по сцене ходили старшая, средняя и младшая и читали по тетрадкам. Редька в длинном рыжем пальто и в шарфе, намотанном на шею, уже стоял, прислонившись виском к стене, и смотрел на сцену с набожным выражением. Ажогина-мать подходила то к одному, то к другому гостю и говорила каждому что-нибудь приятное. У нее была манера пристально смотреть в лицо и говорить тихо, как по секрету.

— Должно быть, трудно писать декорации, — сказала она тихо, подходя ко мне. — А мы только что с мадам Муфке говорили о предрассудках, и я видела, как вы вошли. Бог мой, я всю, всю мою жизнь боролась с предрассудками! Чтобы убедить прислугу, какие пустяки все эти их страхи, я у себя всегда зажигаю три свечи и все свои важные дела начинаю тринадцатого числа.

Пришла дочь инженера Должикова, красивая, полная блондинка, одетая, как говорили у нас, во все парижское. Она не играла, но на репетициях для нее ставили стул на сцене, и спектаклей не начинали раньше, пока она не появлялась в первом ряду, сияя и изумляя всех своим нарядом. Ей, как столичной штучке, разрешалось во время репетиций делать замечания, и делала она их с милою, снисходительною улыбкой, и видно было, что на наши представления она смотрела как на детскую забаву. Про нее говорили, что она училась петь в Петербургской консерватории и будто даже целую зиму пела в частной опере. Она мне очень нравилась, и обыкновенно на репетициях и во время спектакля я не спускал с нее глаз.

Я уже взял тетрадку, чтобы начать суфлировать, как неожиданно появилась сестра. Не снимая манто и шляпы, она подошла ко мне и сказала:

— Прошу тебя, пойдем.

Я пошел. За сценой, в дверях стояла Анюта Благово, тоже в шляпке, с темною вуалькой. Это была дочь товарища председателя суда, служившего в нашем городе давно, чуть ли не с самого основания окружного суда. Так как она была

11

высока ростом и хорошо сложена, то участие ее в живых картинах считалось обязательным, и когда она изображала какую-нибудь фею или Славу, то лицо ее горело от стыда; но в спектаклях она не участвовала, а заходила на репетиции только на минутку, по какому-нибудь делу, и не шла в зал. И теперь видно было, что она зашла только на минутку.

— Мой отец говорил о вас, — сказала она сухо, не глядя на меня и краснея. — Должиков обещал вам место на железной дороге. Отправляйтесь к нему завтра, он будет дома.

Я поклонился и поблагодарил за хлопоты.

— А это вы можете оставить, — сказала она, указав на тетрадку.

Она и сестра подошли к Ажогиной и минуты две шептались с нею, поглядывая на меня. Они советовались о чем-то.

— В самом деле, — сказала Ажогина тихо, подходя ко мне и пристально глядя в лицо, — в самом деле, если это отвлекает вас от серьезных занятий, — она потянула из моих рук тетрадь, — то вы можете передать кому-нибудь другому. Не беспокойтесь, мой друг, идите себе с богом.

Я простился с нею и вышел сконфуженный. Спускаясь вниз по лестнице, я видел, как уходили сестра и Анюта Благово; они оживленно говорили о чем-то, должно быть о моем поступлении на железную дорогу, и спешили. Сестра раньше никогда не бывала на репетициях, и теперь, вероятно, ее мучила совесть, и она боялась, как бы отец не узнал, что она без его позволения была у Ажогиных.

Я отправился к Должикову на другой день, в первом часу. Лакей проводил меня в очень красивую комнату, которая была у инженера гостиной и в то же время рабочим кабинетом. Тут было все мягко, изящно и для такого непривычного человека, как я, даже странно. Дорогие ковры, громадные кресла, бронза, картины, золотые и плюшевые рамы; на фотографиях, разбросанных по стенам, очень красивые женщины, умные, прекрасные лица, свободные позы; из гостиной дверь ведет прямо в сад, на балкон, видна сирень, виден стол, накрытый для завтрака, много бутылок, букет из роз, пахнет весной и дорогою сигарой, пахнет счастьем, – и все, кажется, так и хочет сказать, что вот-де пожил человек, потрудился и достиг наконец счастья, возможного на земле. За письменным столом сидела дочь инженера и читала газету.

– Вы к отцу? – спросила она. – Он принимает душ, сейчас придет. Посидите пока, прошу вас.

Я сел.

– Вы ведь, кажется, против нас живете? – спросила она опять после некоторого молчания.

– Да.

– Я от скуки каждый день наблюдаю из окна, уж вы извините, – продолжала она, глядя в газету, – и часто вижу вас и вашу сестру. У нее всегда такое доброе, сосредоточенное выражение.

Вошел Должиков. Он вытирал полотенцем шею.

– Папа, monsieur Полознев, – сказала дочь.

– Да, да, мне говорил Благово, – живо обратился он ко мне, не подавая руки. – Но, послушайте, что же я могу вам дать? Какие у меня места? Странные вы люди, господа! – продолжал он громко и таким тоном, как будто делал мне выговор. – Ходит вас ко мне по двадцать человек в день, вообразили, что у меня департамент! У меня линия, господа́, у меня каторжные работы, мне нужны механики, слесаря, землекопы, столяры, колодезники, а ведь все вы можете только сидеть и писать, больше ничего! Все вы писатели!

И от него пахнуло на меня тем же счастьем, что и от его ковров и кресел. Полный, здоровый, с красными щеками, с широкою грудью, вымытый, в ситцевой рубахе и шароварах, точно фарфоровый, игрушечный ямщик. У него была круглая, курчавая бородка – и ни одного седого волоска, нос с горбинкой, а глаза темные, ясные, невинные.

– Что вы умеете делать? – продолжал он. – Ничего вы не умеете! Я инженер-с, я обеспеченный человек-с, но, прежде чем мне дали дорогу, я долго тер лямку, я ходил машинистом, два года работал в Бельгии как простой смазчик. Посудите сами, любезнейший, какую работу я могу вам предложить?

– Конечно, это так... – пробормотал я в сильном смущении, не вынося его ясных, невинных глаз.

– По крайней мере, умеете ли вы управляться с аппаратом? – спросил он, подумав.

– Да, я служил на телеграфе.

– Гм... Ну, там посмотрим. Отправляйтесь пока в Дубечню. Там у меня уже сидит один, но дрянь ужасная.

– А в чем будут заключаться мои обязанности? – спросил я.

– Там увидим. Отправляйтесь пока, я распоряжусь. Только, пожалуйста, у меня не пьянствовать и не беспокоить меня никакими просьбами. Выгоню.

Он отошел от меня и даже головой не кивнул. Я поклонился ему и его дочери, читавшей газету, и вышел. На душе у меня было тяжело до такой степени, что когда сестра стала спрашивать, как принял меня инженер, то я не мог выговорить ни одного слова.

Чтобы идти в Дубечню, я встал рано утром, с восходом солнца. На нашей Большой Дворянской не было ни души, все еще спали, и шаги мои раздавались одиноко и глухо. Тополи, покрытые росой, наполняли воздух нежным ароматом. Мне было грустно и не хотелось уходить из города. Я любил свой родной город. Он казался мне таким красивым и теплым! Я любил эту зелень, тихие солнечные утра, звон наших колоколов; но люди, с которыми я жил в этом городе, были мне скучны, чужды и порой даже гадки. Я не любил и не понимал их.

Я не понимал, для чего и чем живут все эти шестьдесят пять тысяч людей. Я знал, что Кимры добывают себе пропитание сапогами, что Тула делает самовары и ружья, что Одесса портовый город, но что такое наш город и что он делает – я не знал. Большая Дворянская и еще две улицы почище жили на готовые капиталы и на жалованье, получаемое чиновниками из казны; но чем жили остальные восемь улиц, которые тянулись параллельно версты на три и исчезали за холмом, – это для меня было всегда непостижимою загадкой. И как жили эти люди, стыдно сказать! Ни сада, ни театра, ни порядочного оркестра; городская и клубная библиотеки посещались только евреями-подростками, так что журналы и новые книги по месяцам лежали неразрезанными; богатые и интеллигентные спали в душных, тесных спальнях, на деревянных кроватях с клопами, детей держали в отвратительно грязных помещениях, называемых детскими, а слуги, даже старые и почтенные, спали в кухне на полу и укрывались лохмотьями. В скоромные дни в домах пахло борщом, а в постные – осетриной, жаренной на подсолнечном масле. Ели невкусно, пили нездоровую воду. В думе, у губернатора, у архиерея, всюду в домах много лет говорили о том, что у нас в городе нет хорошей и дешевой воды и что необходимо занять у казны двести тысяч на водопровод; очень богатые люди, которых у нас в городе можно было насчитать десятка три и которые, случалось, проигрывали в карты целые имения, тоже пили дурную воду и всю жизнь говорили с азартом о займе – и я не понимал этого; мне казалось, было бы проще взять и выложить эти двести тысяч из своего кармана.

Во всем городе я не знал ни одного честного человека. Мой отец брал взятки и воображал, что это дают ему из уважения к его душевным качествам; гимназисты, чтобы переходить из класса в класс, поступали на хлеба к своим учителям, и эти брали с них большие деньги; жена воинского начальника во время набора брала с рекрутов и даже позволяла угощать себя и раз в церкви никак не могла

15

подняться с колен, так как была пьяна; во время набора брали и врачи, а городовой врач и ветеринар обложили налогом мясные лавки и трактиры; в уездном училище торговали свидетельствами, дававшими льготу по третьему разряду; благочинные брали с подчиненных причтов и церковных старост; в городской, мещанской, во врачебной и во всех прочих управах каждому просителю кричали вослед: «Благодарить надо!» – и проситель возвращался, чтобы дать 30–40 копеек. А те, которые взяток не брали, как, например, чины судебного ведомства, были надменны, подавали два пальца, отличались холодностью и узостью суждений, играли много в карты, много пили, женились на богатых и, несомненно, имели на среду вредное, развращающее влияние. Лишь от одних девушек веяло нравственною чистотой; у большинства из них были высокие стремления, честные, чистые души; но они не понимали жизни и верили, что взятки даются из уважения к душевным качествам, и, выйдя замуж, скоро старились, опускались и безнадежно тонули в тине пошлого, мещанского существования.

III

В нашей местности строилась железная дорога. Накануне праздников по городу толпами ходили оборванцы, которых звали «чугункой» и которых боялись. Нередко приходилось мне видеть, как оборванца с окровавленною физиономией, без шапки, вели в полицию, а сзади, в виде вещественного доказательства, несли самовар или недавно вымытое, еще мокрое белье. «Чугунка» обыкновенно толпилась около кабаков и на базарах; она пила, ела, нехорошо бранилась и каждую мимо проходившую женщину легкого поведения провожала пронзительным свистом. Наши лавочники, чтобы позабавить эту голодную рвань, поили собак и кошек водкой или привязывали собаке к хвосту жестянку из-под керосина, поднимали свист, и собака мчалась по улице, гремя жестянкой, визжа от ужаса; ей казалось, что ее преследует по пятам какое-то чудовище, она бежала далеко за город, в поле, и там выбивалась из сил; и у нас в городе было несколько собак, постоянно дрожавших, с поджатыми хвостами, про которых говорили, что они не перенесли такой забавы, сошли с ума.

Вокзал строился в пяти верстах от города. Говорили, что инженеры за то, чтобы дорога подходила к самому городу, просили взятку в пятьдесят тысяч, а городское управление соглашалось дать только сорок, разошлись в десяти тысячах, и теперь горожане раскаивались, так как предстояло проводить до вокзала шоссе, которое по смете обходилось дороже. По всей линии были уже положены шпалы и рельсы и ходили служебные поезда, возившие строительный материал и рабочих, и задержка была только за мостами, которые строил Должиков, да кое-где не были еще готовы станции.

Дубечня – так называлась наша первая станция – находилась в семнадцати верстах от города. Я шел пешком. Ярко зеленели озимь и яровые, охваченные утренним солнцем. Место было ровное, веселое, и вдали ясно вырисовывались вокзал, курганы, далекие усадьбы… Как хорошо было тут на воле! И как я хотел проникнуться сознанием свободы, хотя бы на одно это утро, чтобы не думать о том, что делалось в городе, не думать о своих нуждах, не хотеть есть! Ничто так не мешало мне жить, как острое чувство голода, когда мои лучшие мысли странно мешались с мыслями о гречневой каше, о котлетах, о жареной рыбе. Вот я стою один в поле и смотрю вверх на жаворонка, который повис в воздухе на одном месте и залился, точно в истерике, а сам думаю: «Хорошо бы теперь поесть хлеба с маслом!» Или вот сажусь у дороги и закрываю глаза, чтобы отдохнуть, прислушаться к этому чудесному майскому шуму,

17

и мне припоминается, как пахнет горячий картофель. При моем большом росте и крепком сложении мне приходилось есть вообще мало, и потому главным чувством моим в течение дня был голод, и потому, быть может, я отлично понимал, почему такое множество людей работает только для куска хлеба и может говорить только о харчах.

В Дубечне штукатурили внутри станцию и строили верхний деревянный этаж у водокачки. Было жарко, пахло известкой, и рабочие вяло бродили по кучам щепы и мусора; около своей будки спал стрелочник, и солнце жгло ему прямо в лицо. Ни одного дерева. Слабо гудела телеграфная проволока, и на ней кое-где отдыхали ястреба. Бродя тоже по кучам, не зная, что делать, я вспоминал, как инженер на мой вопрос, в чем будут заключаться мои обязанности, ответил мне: «Там увидим». Но что можно было увидеть в этой пустыне? Штукатуры говорили про десятника и про какого-то Федота Васильева, я не понимал, и мною мало-помалу овладела тоска, — тоска физическая, когда чувствуешь свои руки, ноги и все свое большое тело и не знаешь, что делать с ними, куда деваться.

Походив, по крайней мере, с два часа, я заметил, что от станции куда-то вправо от линии шли телеграфные столбы и через полторы-две версты оканчивались у белого каменного забора; рабочие сказали, что там контора, и наконец я сообразил, что мне нужно именно туда.

Это была очень старая, давно заброшенная усадьба. Забор из белого ноздреватого камня уже выветрился и обвалился местами, и на флигеле, который своею глухою стеной выходил в поле, крыша была ржавая, и на ней кое-где блестели латки из жести. В ворота был виден просторный двор, поросший бурьяном, и старый барский дом с жалюзи на окнах и с высокою крышей, рыжею от ржавчины. По сторонам дома, направо и налево, стояли два одинаковых флигеля; у одного окна были забиты досками, около другого, с открытыми окнами, висело на веревке белье и ходили телята. Последний телеграфный столб стоял во дворе, и проволока от него шла к окну того флигеля, который своею глухою стеной выходил в поле. Дверь была отворена, я вошел. За столом у телеграфного станка сидел какой-то господин с темною, кудрявою головой, в пиджаке из парусинки; он сурово, исподлобья поглядел на меня, но тотчас же улыбнулся и сказал:

– Здравствуй, маленькая польза!

Это был Иван Чепраков, мой товарищ по гимназии, которого исключили из второго класса за курение табаку. Мы вместе когда-то, в осеннее время, ловили щеглов, чижей и дубоносов и продавали их на базаре рано утром, когда еще наши родители спали. Мы подстерегали стайки перелетных скворцов и стреляли в них мелкою дробью, потом подбирали раненых, и одни у нас умирали в страшных мучениях (я до сих пор еще помню, как они ночью стонали у меня в клетке), других, которые выздоравливали, мы продавали и нагло божились при этом, что все это одни самцы. Как-то раз на базаре у меня остался один только скворец, которого я долго предлагал покупателям и наконец сбыл за копейку. «Все-таки маленькая польза!» – сказал я себе в утешение, пряча эту копейку, и с того времени уличные мальчишки и гимназисты прозвали меня маленькою пользой; да и теперь еще мальчишки и лавочники, случалось, дразнили меня так, хотя, кроме меня, уже никто не помнил, откуда произошло это прозвище.

Чепраков был не крепкого сложения: узкогрудый, сутулый, длинноногий. Галстук веревочкой, жилетки не было вовсе, а сапоги хуже моих – с кривыми каблуками. Он редко мигал глазами и имел стремительное выражение, будто собирался что-то схватить, и все суетился.

– Да ты постой, – говорил он, суетясь. – Да ты послушай!.. О чем бишь я только что говорил?

Мы разговорились. Я узнал, что имение, в котором я

теперь находился, еще недавно принадлежало Чепраковым и только прошлою осенью перешло к инженеру Должикову, который полагал, что держать деньги в земле выгоднее, чем в бумагах, и уже купил в наших краях три порядочных имения с переводом долга; мать Чепракова при продаже выговорила себе право жить в одном из боковых флигелей еще два года и выпросила для сына место при конторе.

— Еще бы ему не покупать! — сказал Чепраков про инженера. — С одних подрядчиков дерет сколько! Со всех дерет!

Потом он повел меня обедать, решив суетливо, что жить я буду с ним вдвоем во флигеле, а столоваться у его матери.

— Она у меня скряга, — сказал он, — но дорого с тебя не возьмет.

В маленьких комнатах, где жила его мать, было очень тесно; все они, даже сени и передняя, были загромождены мебелью, которую после продажи имения перенесли сюда из большого дома; и мебель была все старинная, из красного дерева. Госпожа Чепракова, очень полная, пожилая дама, с косыми китайскими глазами, сидела у окна в большом кресле и вязала чулок. Приняла она меня церемонно.

— Это, мамаша, Полознев, — представил меня Чепраков. — Он будет служить тут.

— Вы дворянин? — спросила она странным, неприятным голосом; мне показалось, будто у нее в горле клокочет жир.

— Да, — ответил я.

— Садитесь.

Обед был плохой. Подавали только пирог с горьким творогом и молочный суп. Елена Никифоровна, хозяйка, все время как-то странно подмигивала то одним глазом, то другим. Она говорила, ела, но во всей ее фигуре было уже что-то мертвенное и даже как будто чувствовался запах трупа. Жизнь в ней едва теплилась, теплилось и сознание, что она — барыня-помещица, имевшая когда-то своих крепостных, что она – генеральша, которую прислуга обязана величать превосходительством; и когда эти жалкие остатки жизни вспыхивали в ней на мгновение, то она говорила сыну:

– Жан, ты не так держишь нож!

Или же говорила мне, тяжело переводя дух, с жеманством хозяйки, желающей занять гостя:

– А вы знаете, продали наше имение. Конечно, жаль, привыкли мы тут, но Должиков обещал сделать Жана начальником станции Дубечни, так что мы не уедем отсюда, будем жить тут на станции, а это все равно что в имении. Инженер такой добрый! Не находите ли вы, что он очень красив?

Еще недавно Чепраковы жили богато, но после смерти генерала все изменилось. Елена Никифоровна стала ссориться с соседями, стала судиться, недоплачивать приказчикам и рабочим; все боялась, как бы ее не ограбили – и в какие-нибудь десять лет Дубечня стала неузнаваемою.

Позади большого дома был старый сад, уже одичавший, заглушенный бурьяном и кустарником. Я прошелся по террасе, еще крепкой и красивой; сквозь стеклянную дверь видна была комната с паркетным полом, должно быть, гостиная; старинное фортепиано, да на стенах гравюры в широких рамах из красного дерева – и больше ничего. От прежних цветников уцелели одни пионы и маки, которые поднимали из травы свои белые и ярко-красные головы; по дорожкам, вытягиваясь, мешая друг другу, росли молодые клены и вязы, уже ощипанные коровами. Было густо, и сад казался непроходимым, но это только вблизи дома, где еще стояли тополи, сосны и старые липы-сверстницы, уцелевшие от прежних аллей, а дальше за ними сад расчищали для сенокоса, и тут уже не па́рило, паутина не лезла в рот и в глаза, подувал ветерок; чем дальше вглубь, тем просторнее, и уже росли на просторе вишни, сливы, раскидистые яблони, обезображенные подпорками и гангреной, и груши такие

21

высокие, что даже не верилось, что это груши. Эту часть сада арендовали наши городские торговки, и сторожил ее от воров и скворцов мужик-дурачок, живший в шалаше.

Сад, все больше редея, переходя в настоящий луг, спускался к реке, поросшей зеленым камышом и ивняком; около мельничной плотины был плёс, глубокий и рыбный, сердито шумела небольшая мельница с соломенною крышей, неистово квакали лягушки. На воде, гладкой как зеркало, изредка ходили круги да вздрагивали речные лилии, потревоженные веселою рыбой. По ту сторону речки находилась деревушка Дубечня. Тихий, голубой плёс манил к себе, обещая прохладу и покой. И теперь все это – и плёс, и мельница, и уютные берега принадлежали инженеру!

И вот началась моя новая служба. Я получал телеграммы и отправлял их дальше, писал разные ведомости и переписывал начисто требовательные записи, претензии и рапорты, которые присылались к нам в контору безграмотными десятниками и мастерами. Но большую часть дня я ничего не делал, а ходил по комнате, ожидая телеграмм, или сажал во флигеле мальчика, а сам уходил в сад и гулял, пока мальчик не прибегал сказать, что стучит аппарат. Обедал я у госпожи Чепраковой. Мясо подавали очень редко, блюда всё были молочные, а в среды и в пятницы – постные, и в эти дни подавались к столу розовые тарелки, которые назывались постными. Чепракова постоянно подмигивала – это была у нее такая привычка; и в ее присутствии мне всякий раз становилось не по себе.

Так как работы во флигеле не хватало и на одного, то Чепраков ничего не делал, а только спал или уходил с ружьем на плёс стрелять уток. По вечерам он напивался в деревне или на станции, и, перед тем как спать, смотрелся в зеркальце, и кричал:

– Здравствуй, Иван Чепраков!

Пьяный он был очень бледен и все потирал руки и

смеялся, точно ржал: ги-ги-ги! Из озорства он раздевался донага и бегал по полю голый. Ел мух и говорил, что они кисленькие.

IV

Как-то после обеда он прибежал во флигель, запыхавшись, и сказал:

— Ступай, там сестра твоя приехала.

Я вышел. В самом деле, у крыльца большого дома стояла городская извозчичья линейка. Приехала моя сестра, а с нею Анюта Благово и еще какой-то господин в военном кителе. Подойдя ближе, я узнал военного: это был брат Анюты, доктор.

— Мы к вам на пикник приехали, — сказал он. — Ничего?

Сестра и Анюта хотели спросить, как мне тут живется, но обе молчали и только смотрели на меня. Я тоже молчал. Они поняли, что мне тут не нравится, и у сестры навернулись слезы, а Анюта Благово стала красной. Пошли в сад. Доктор шел впереди всех и говорил восторженно:

— Вот так воздух! Мать честная, вот так воздух!

По наружному виду это был еще совсем студент. И говорил и ходил он, как студент, и взгляд его серых глаз был такой же живой, простой и открытый, как у хорошего студента. Рядом со своею высокою и красивою сестрой он казался слабым, жидким; и бородка у него была жидкая, и голос тоже — жиденький тенорок, довольно, впрочем, приятный. Он служил где-то в полку и теперь приехал в отпуск к своим, и говорил, что осенью поедет в Петербург держать экзамен на доктора медицины. У него уже была своя семья — жена и трое детей; женился он рано, когда еще был на втором курсе, и теперь в городе рассказывали про него, что он несчастлив в семейной жизни и уже не живет с женой.

— Который теперь час? — беспокоилась сестра. — Нам бы

23

пораньше вернуться, папа отпустил меня к брату только до шести часов.

– Ох, уж ваш папа! – вздохнул доктор.

Я поставил самовар. На ковре перед террасой большого дома мы пили чай, и доктор, стоя на коленях, пил из блюдечка и говорил, что он испытывает блаженство. Потом Чепраков сходил за ключом и отпер стеклянную дверь, и все мы вошли в дом. Было здесь сумрачно, таинственно, пахло грибами, и шаги наши издавали гулкий шум, точно под полом был подвал. Доктор стоя тронул клавиши фортепиано, и оно ответило ему слабо, дрожащим, сиплым, но еще стройным аккордом; он попробовал голос и запел какой-то романс, морщась и нетерпеливо стуча ногой, когда какой-нибудь клавиш оказывался немым. Моя сестра уже не собиралась домой, а в волнении ходила по комнате и говорила:

– Мне весело! Мне очень, очень весело!

В ее голосе слышалось удивление, точно ей казалось невероятным, что у нее тоже может быть хорошо на душе. Это первый раз в жизни я видел ее такою веселою. Она даже похорошела. В профиль она была некрасива, у нее нос и рот как-то выдавались вперед и было такое выражение, точно она дула, но у нее были прекрасные темные глаза, бледный, очень нежный цвет лица и трогательное выражение доброты и печали, и когда она говорила, то казалась миловидною и даже красивою. Мы оба, я и она, уродились в нашу мать, широкие в плечах, сильные, выносливые, но бледность у нее была болезненная, она часто кашляла, и в глазах у нее я иногда подмечал выражение, какое бывает у людей, которые серьезно больны, но почему-то скрывают это. В ее теперешней веселости было что-то детское, наивное, точно та радость, которую во время нашего детства пригнетали и заглушали суровым воспитанием, вдруг проснулась теперь в душе и вырвалась на свободу.

Но когда наступил вечер и подали лошадей, сестра

притихла, осунулась и села на линейку с таким видом, как будто это была скамья подсудимых.

Вот они все уехали, шум затих… Я вспомнил, что Анюта Благово за все время не сказала со мною ни одного слова.

«Удивительная девушка! – подумал я. – Удивительная девушка!»

Наступил петровский пост, и нас уже каждый день кормили постным. От праздности и неопределенности положения меня тяготила физическая тоска, и я, недовольный собою, вялый, голодный, слонялся по усадьбе и только ждал подходящего настроения, чтобы уйти.

Как-то перед вечером, когда у нас во флигеле сидел Редька, неожиданно вошел Должиков, сильно загоревший и серый от пыли. Он три дня пробыл на своем участке и теперь приехал в Дубечню на паровозе, а к нам со станции пришел пешком. В ожидании экипажа, который должен был прийти из города, он со своим приказчиком обошел усадьбу, громким голосом давая приказания, потом целый час сидел у нас во флигеле и писал какие-то письма; при нем на его имя приходили телеграммы, и он сам выстукивал ответы. Мы трое стояли молча, навытяжку.

– Какие беспорядки! – сказал он, брезгливо заглянув в ведомость. – Через две недели я перевожу контору на станцию и уж не знаю, что мне с вами делать, господа.

– Я стараюсь, ваше высокородие, – проговорил Чепраков.

– То-то, вижу, как вы стараетесь. Только жалованье умеете получать, – продолжал инженер, глядя на меня. – Все надеетесь на протекцию, как бы поскорее и полегче faire la carrière (Сделать карьеру (франц.).Ну, я не посмотрю на протекцию. За меня никто не хлопотал-с. Прежде чем мне дали дорогу, я ходил машинистом, работал в Бельгии как простой смазчик-с. А ты, Пантелей, что здесь делаешь? – спросил он, повернувшись к Редьке. – Пьянствуешь с ними?

Он всех простых людей почему-то называл Пантелеями, а

таких, как я и Чепраков, презирал и за глаза обзывал пьяницами, скотами, сволочью. Вообще к мелким служащим он был жесток и штрафовал и гонял их со службы холодно, без объяснений.

Наконец приехали за ним лошади. Он на прощанье пообещал уволить всех нас через две недели, обозвал приказчика болваном и затем, развалившись в коляске, покатил в город.

— Андрей Иваныч, — сказал я Редьке, — возьмите меня к себе в рабочие.

— Ну, что ж!

И мы пошли вместе по направлению к городу. Когда станция и усадьба остались далеко за нами, я спросил:

— Андрей Иваныч, зачем вы давеча приходили в Дубечню?

— Первое, ребята мои работают на линии, а второе — приходил к генеральше проценты платить. Летошний год я у нее полсотни взял и плачу теперь ей по рублю в месяц.

Маляр остановился и взял меня за пуговицу.

— Мисаил Алексеич, ангел вы наш, — продолжал он, — я так понимаю, ежели какой простой человек или господин берет даже самый малый прóцент, тот уже есть злодей. В таком человеке не может правда существовать.

Тощий, бледный, страшный Редька закрыл глаза, покачал головой и изрек тоном философа:

— Тля ест траву, ржа — железо, а лжа — душу. Господи, спаси нас грешных!

V

Редька был непрактичен и плохо умел соображать; набирал он работы больше, чем мог исполнить, и при расчете тревожился, терялся и потому почти всегда бывал в убытке.

Он красил, вставлял стекла, оклеивал стены обоями и даже принимал на себя кровельные работы, и я помню, как он, бывало, из-за ничтожного заказа бегал дня по три, отыскивая кровельщиков. Это был превосходный мастер, случалось ему иногда зарабатывать до десяти рублей в день, и если бы не это желание – во что бы то ни стало быть главным и называться подрядчиком, то у него, вероятно, водились бы хорошие деньги.

Сам он получал издельно, а мне и другим ребятам платил поденно, от семидесяти копеек до рубля в день. Пока стояла жаркая и сухая погода, мы исполняли разные наружные работы, главным образом красили крыши. С непривычки моим ногам было горячо, точно я ходил по раскаленной плите, а когда надевал валенки, то ногам было душно. Но это только на первых порах, потом же я привык, и все пошло как по маслу. Я жил теперь среди людей, для которых труд был обязателен и неизбежен и которые работали, как ломовые лошади, часто не сознавая нравственного значения труда и даже никогда не употребляя в разговоре самого слова «труд»; около них и я тоже чувствовал себя ломовиком, все более проникаясь обязательностью и неизбежностью того, что я делал, и это облегчало мне жизнь, избавляя от всяких сомнений.

В первое время все занимало меня, все было ново, точно я вновь родился. Я мог спать на земле, мог ходить босиком, – а это чрезвычайно приятно; мог стоять в толпе простого народа, никого не стесняя, и когда на улице падала извозчичья лошадь, то я бежал и помогал поднять ее, не боясь запачкать свое платье. А главное, я жил на свой собственный счет и никому не был в тягость!

Окраска крыш, особенно с нашею олифой и краской, считалась очень выгодным делом, и потому этою грубой, скучной работой не брезговали даже такие хорошие мастера, как Редька. В коротких брючках, с тощими лиловыми ногами, он ходил по крыше, похожий на аиста, и я слышал, как, работая кистью, он тяжело вздыхал и говорил:

– Горе, горе нам, грешным!

По крыше он ходил так же свободно, как по полу. Несмотря на то что он был болен и бледен, как мертвец, прыткость у него была необыкновенная; он так же, как молодые, красил купол и главы церкви без подмостков, только при помощи лестниц и веревки, и было немножко страшно, когда он тут, стоя на высоте далеко от земли, выпрямлялся во весь свой рост и изрекал неизвестно для кого:

– Тля ест траву, ржа – железо, а лжа – душу!

Или же, думая о чем-нибудь, отвечал вслух своим мыслям:

– Все может быть! Все может быть!

Когда я возвращался с работы домой, то все эти, которые сидели у ворот на лавочках, все приказчики, мальчишки и их хозяева пускали мне вслед разные замечания, насмешливые и злобные, и это на первых порах волновало меня и казалось просто чудовищным.

– Маленькая польза! – слышалось со всех сторон. – Маляр! Охра!

И никто не относился ко мне так немилостиво, как именно те, которые еще так недавно сами были простыми людьми и добывали себе кусок хлеба черным трудом. В торговых рядах, когда я проходил мимо железной лавки, меня, как бы нечаянно, обливали водой и раз даже швырнули в меня палкой. А один купец-рыбник, седой старик, загородил мне дорогу и сказал, глядя на меня со злобой:

– Не тебя, дурака, жалко! Отца твоего жалко!

А мои знакомые при встречах со мною почему-то конфузились. Одни смотрели на меня как на чудака и шута, другим было жаль меня, третьи же не знали, как относиться ко мне, и понять их было трудно. Как-то днем, в одном из переулков около нашей Большой Дворянской, я встретил

Анюту Благово. Я шел на работу и нес две длинных кисти и ведро с краской. Узнав меня, Анюта вспыхнула.

– Прошу вас не кланяться мне на улице… – проговорила она нервно, сурово, дрожащим голосом, не подавая мне руки, и на глазах у нее вдруг заблестели слезы. – Если, по-вашему, все это так нужно, то пусть… пусть, но прошу вас, не встречайтесь со мною!

Я уже жил не на Большой Дворянской, а в предместье Макарихе, у своей няни Карповны, доброй, но мрачной старушки, которая всегда предчувствовала что-нибудь дурное, боялась всех снов вообще и даже в пчелах и в осах, которые залетали к ней в комнату, видела дурные приметы. И то, что я сделался рабочим, по ее мнению, не предвещало ничего хорошего.

– Пропала твоя головушка! – говорила она печально, покачивая головой. – Пропала!

С нею в домике жил ее приемыш Прокофий, мясник, громадный, неуклюжий малый лет тридцати, рыжий, с жесткими усами. Встречаясь со мною в сенях, он молча и почтительно уступал мне дорогу, и если был пьян, то всей пятерней делал мне под козырек. По вечерам он ужинал, и сквозь дощатую перегородку мне слышно было, как он крякал и вздыхал, выпивая рюмку за рюмкой.

– Мамаша! – звал он вполголоса.

– Ну? – отзывалась Карповна, любившая без памяти своего приемыша. – Что, сынок?

– Я вам, мамаша, могу снисхождение сделать. В сей земной жизни буду вас питать на старости лет в юдоли, а когда помрете, на свой счет похороню. Сказал – и верно.

Вставал я каждый день до восхода солнца, ложился рано. Ели мы, маляры, очень много и спали крепко, и только почему-то по ночам сильно билось сердце. С товарищами я не ссорился. Брань, отчаянные клятвы и пожелания вроде того, например, чтобы лопнули глаза или схватила холера, не

29

прекращались весь день, но тем не менее все-таки жили мы между собою дружно. Ребята подозревали во мне религиозного сектанта и добродушно подшучивали надо мною, говоря, что от меня даже родной отец отказался, и тут же рассказывали, что сами они редко заглядывают в храм божий и что многие из них по десяти лет на духу не бывали, и такое свое беспутство оправдывали тем, что маляр среди людей все равно что галка среди птиц.

Ребята уважали меня и относились ко мне с почтением; им, очевидно, нравилось, что я не пью, не курю и веду тихую, степенную жизнь. Их только неприятно шокировало, что я не участвую в краже олифы и вместе с ними не хожу к заказчикам просить на чай. Кража хозяйской олифы и краски была у маляров в обычае и не считалась кражей, и замечательно, что даже такой справедливый человек, как Редька, уходя с работы, всякий раз уносил с собою немножко белил и олифы. А просить на чай не стыдились даже почтенные старики, имевшие в Макарихе собственные дома, и было досадно и стыдно, когда ребята гурьбой поздравляли какое-нибудь ничтожество с первоначатием или окончанием и, получив от него гривенник, униженно благодарили.

С заказчиками они держали себя как лукавые царедворцы, и мне почти каждый день вспоминался шекспировский Полоний.

— А должно быть, дождь будет, — говорил заказчик, глядя на небо.

— Будет, беспременно будет! — соглашались маляры.

— Впрочем, облака не дождевые. Пожалуй, не будет дождя.

— Не будет, ваше высокородие! Верно, не будет.

Заглазно они относились к заказчикам вообще иронически, и когда, например, видели барина, сидящего на балконе с газетой, то замечали:

— Газету читает, а есть небось нечего.

Дома у своих я не бывал. Возвращаясь с работы, я часто находил у себя записки, короткие и тревожные, в которых сестра писала мне об отце: то он был за обедом как-то особенно задумчив и ничего не ел, то пошатнулся, то заперся у себя и долго не выходил. Такие известия волновали меня, я не мог спать и, случалось даже, ходил ночью по Большой Дворянской мимо нашего дома, вглядываясь в темные окна и стараясь угадать, все ли дома благополучно. По воскресеньям приходила ко мне сестра, но украдкой, будто не ко мне, а к няньке. И если входила ко мне, то очень бледная, с заплаканными глазами, и тотчас же начинала плакать.

– Наш отец не перенесет этого! – говорила она. – Если, не дай бог, с ним случится что-нибудь, то тебя всю жизнь будет мучить совесть. Это ужасно, Мисаил! Именем нашей матери умоляю тебя: исправься!

– Сестра, дорогая моя, – говорил я, – как исправляться, если я убежден, что поступаю по совести? Пойми!

– Я знаю, что по совести, но, может быть, это можно как-нибудь иначе, чтобы никого не огорчать.

– Ох, батюшки! – вздыхала за дверью старуха. – Пропала твоя головушка! Быть беде, родимые мои, быть беде!

VI

В одно из воскресений ко мне неожиданно явился доктор Благово. Он был в кителе поверх шелковой рубахи и в высоких лакированных сапогах.

– А я к вам! – начал он, крепко, по-студенчески, пожимая мне руку. – Каждый день слышу про вас и все собираюсь к вам потолковать, как говорится, по душам. В городе страшная скука, нет ни одной живой души, не с кем слово сказать. Жарко, мать пречистая! – продолжал он, снимая китель и оставаясь в одной шелковой рубахе. – Голубчик, позвольте с вами поговорить!

Мне самому было скучно и давно уже хотелось побыть в обществе не маляров. Я искренно обрадовался ему.

– Начну с того, – сказал он, садясь на мою постель, – что я вам сочувствую от всей души и глубоко уважаю эту вашу жизнь. Здесь в городе вас не понимают, да и некому понимать, так как, сами знаете, здесь, за весьма малыми исключениями, всё гоголевские свиные рыла. Но я тогда же на пикнике сразу угадал вас. Вы – благородная душа, честный, возвышенный человек! Уважаю вас и считаю за великую честь пожать вашу руку! – продолжал он восторженно. – Чтобы изменить так резко и круто свою жизнь, как сделали это вы, нужно было пережить сложный душевный процесс, и, чтобы продолжать теперь эту жизнь и постоянно находиться на высоте своих убеждений, вы должны изо дня в день напряженно работать и умом и сердцем. Теперь, для начала нашей беседы, скажите, не находите ли вы, что если бы силу воли, это напряжение, всю эту потенцию, вы затратили на что-нибудь другое, например, на то, чтобы сделаться со временем великим ученым или художником, то ваша жизнь захватывала бы шире и глубже и была бы продуктивнее во всех отношениях?

Мы разговорились, и когда у нас зашла речь о физическом труде, то я выразил такую мысль: нужно, чтобы сильные не порабощали слабых, чтобы меньшинство не было для большинства паразитом или насосом, высасывающим из него хронически лучшие соки, то есть нужно, чтобы все без исключения – и сильные и слабые, богатые и бедные, равномерно участвовали в борьбе за существование, каждый сам за себя, а в этом отношении нет лучшего нивелирующего средства, как физический труд в качестве общей, для всех обязательной повинности.

– Стало быть, по-вашему, физическим трудом должны заниматься все без исключения? – спросил доктор.

– Да.

32

– А не находите ли вы, что если все, в том числе и лучшие люди, мыслители и великие ученые, участвуя в борьбе за существование каждый сам за себя, станут тратить время на битье щебня и окраску крыш, то это может угрожать прогрессу серьезною опасностью?

– В чем же опасность? – спросил я. – Ведь прогресс – в делах любви, в исполнении нравственного закона. Если вы никого не порабощаете, никому не в тягость, то какого вам нужно еще прогресса?

– Но позвольте! – вдруг вспылил Благово, вставая. – Но позвольте! Если улитка в своей раковине занимается личным самосовершенствованием и ковыряется в нравственном законе, то вы это называете прогрессом?

– Почему же – ковыряется? – обиделся я. – Если вы не заставляете своих ближних кормить вас, одевать, возить, защищать вас от врагов, то в жизни, которая вся построена на рабстве, разве это не прогресс? По-моему, это прогресс самый настоящий и, пожалуй, единственно возможный и нужный для человека.

– Пределы общечеловеческого, мирового прогресса в бесконечности, и говорить о каком-то «возможном» прогрессе, ограниченном нашими нуждами или временными воззрениями, это, извините, даже странно.

– Если пределы прогресса в бесконечности, как вы говорите, то, значит, цели его неопределенны, – сказал я. – Жить и не знать определенно, для чего живешь!

– Пусть! Но это «не знать» не так скучно, как ваше «знать». Я иду по лестнице, которая называется прогрессом, цивилизацией, культурой, иду и иду, не зная определенно, куда иду, но, право, ради одной этой чудесной лестницы стоит жить; а вы знаете, ради чего живете, – ради того, чтобы одни не порабощали других, чтобы художник и тот, кто растирает для него краски, обедали одинаково. Но ведь это мещанская, кухонная, серая сторона жизни, и для нее одной

33

жить – неужели не противно? Если одни насекомые порабощают других, то и черт с ними, пусть съедают друг друга! Не о них нам надо думать, – ведь они все равно помрут и сгниют, как ни спасайте их от рабства, – надо думать о том великом иксе, который ожидает все человечество в отдаленном будущем.

Благово спорил со мною горячо, но в то же время было заметно, что его волнует какая-то посторонняя мысль.

– Должно быть, ваша сестра не придет, – сказал он, посмотрев на часы. – Вчера она была у наших и говорила, что будет у вас. Вы всё толкуете – рабство, рабство… – продолжал он. – Но ведь это вопрос частный, и все такие вопросы решаются человечеством постепенно, само собой.

Заговорили о постепенности. Я сказал, что вопрос – делать добро или зло, каждый решает сам за себя, не дожидаясь, когда человечество подойдет к решению этого вопроса путем постепенного развития. К тому же постепенность – палка о двух концах. Рядом с процессом постепенного развития идей гуманных наблюдается и постепенный рост идей иного рода. Крепостного права нет, зато растет капитализм. И в самый разгар освободительных идей, так же как во времена Батыя, большинство кормит, одевает и защищает меньшинство, оставаясь само голодным, раздетым и беззащитным. Такой порядок прекрасно уживается с какими угодно веяниями и течениями, потому что искусство порабощения тоже культивируется постепенно. Мы уже не дерем на конюшне наших лакеев, но мы придаем рабству утонченные формы, по крайней мере, умеем находить для него оправдание в каждом отдельном случае. У нас идеи – идеями, но если бы теперь, в конце XIX века, можно было взвалить на рабочих еще также наши самые неприятные физиологические отправления, то мы взвалили бы и потом, конечно, говорили бы в свое оправдание, что если, мол, лучшие люди, мыслители и великие ученые станут тратить свое золотое время на эти отправления, то прогрессу может угрожать серьезная опасность.

Но вот пришла и сестра. Увидев доктора, она засуетилась, встревожилась и тотчас же заговорила о том, что ей пора домой, к отцу.

– Клеопатра Алексеевна, – сказал Благово убедительно, прижимая обе руки к сердцу, – что станется с вашим батюшкой, если вы проведете со мною и братом каких-нибудь полчаса?

Он был простосердечен и умел сообщать свое оживление другим. Моя сестра, подумав минуту, рассмеялась и повеселела вдруг, внезапно, как тогда на пикнике. Мы пошли в поле и, расположившись на траве, продолжали наш разговор и смотрели на город, где все окна, обращенные на запад, казались ярко-золотыми оттого, что заходило солнце.

После этого, всякий раз когда приходила ко мне сестра, являлся и Благово, и оба здоровались с таким видом, как будто встреча их у меня была нечаянной. Сестра слушала, как я и доктор спорили, и в это время выражение у нее было радостно-восторженное, умиленное и пытливое, и мне казалось, что перед ее глазами открывался мало-помалу иной мир, какого она раньше не видала даже во сне и какой старалась угадать теперь. Без доктора она была тиха и грустна, и если теперь иногда плакала, сидя на моей постели, то уже по причинам, о которых не говорила.

В августе Редька приказал нам собираться на линию. Дня за два перед тем, как нас «погнали» за город, ко мне пришел отец. Он сел и не спеша, не глядя на меня, вытер свое красное лицо, потом достал из кармана наш городской «Вестник» и медленно, с ударением на каждом слове, прочел о том, что мой сверстник, сын управляющего конторою Государственного банка, назначен начальником отделения в казенной палате.

– А теперь взгляни на себя, – сказал он, складывая газету,

– нищий, оборванец, негодяй! Даже мещане и крестьяне получают образование, чтобы стать людьми, а ты, Полознев, имеющий знатных, благородных предков, стремишься в грязь! Но я пришел сюда не для того, чтобы разговаривать с тобою; на тебя я уже махнул рукой, – продолжал он придушенным голосом, вставая. – Я пришел затем, чтобы узнать: где твоя сестра, негодяй? Она ушла из дому после обеда, и вот уже восьмой час, а ее нет. Она стала часто уходить, не говоря мне, она уже менее почтительна, – и я вижу тут твое злое, подлое влияние. Где она?

В руках у него был знакомый мне зонтик, и я уже растерялся и вытянулся, как школьник, ожидая, что отец начнет бить меня, но он заметил взгляд мой, брошенный на зонтик, и, вероятно, это сдержало его.

– Живи как хочешь! – сказал он. – Я лишаю тебя моего благословения!

– Батюшки-светы! – бормотала за дверью нянька. – Бедная, несчастная твоя головушка! Ох, чует мое сердце, чует!

Я работал на линии. Весь август непрерывно шли дожди, было сыро и холодно; с полей не свозили хлеба, и в больших хозяйствах, где косили машинами, пшеница лежала не в копнах, а в кучах, и я помню, как эти печальные кучи с каждым днем становились все темнее, и зерно прорастало в них. Работать было трудно; ливень портил все, что мы успевали сделать. Жить и спать в станционных зданиях нам не позволялось, и ютились мы в грязных, сырых землянках, где летом жила «чугунка», и по ночам я не мог спать от холода и оттого, что по лицу и по рукам ползали мокрицы. А когда работали около мостов, то по вечерам приходила к нам гурьбой «чугунка» только затем, чтобы бить маляров, – для нее это был род спорта. Нас били, выкрадывали у нас кисти и, чтобы раздразнить нас и вызвать на драку, портили нашу работу, например, вымазывали будки зеленою краскою. В довершение всех наших бед Редька стал платить крайне неисправно. Все малярные работы на участке были сданы подрядчику, этот сдал другому, и уже этот сдал Редьке, выговорив себе процентов двадцать. Работа сама по себе была невыгодна, а тут еще дожди; время пропадало даром, мы не работали, а Редька был обязан платить ребятам поденно. Голодные маляры едва не били его, обзывали жуликом, кровопийцей, Иудой-христопродавцем, а он, бедняга, вздыхал, в отчаянии воздевал к небу руки и то и дело ходил к госпоже Чепраковой за деньгами.

VII

Наступила дождливая, грязная, темная осень. Наступила безработица, и я дня по три сидел дома без дела или же исполнял разные не малярные работы, например, таскал землю для черного наката, получая за это по двугривенному в день. Доктор Благово уехал в Петербург. Сестра не приходила ко мне. Редька лежал у себя дома больной, со дня на день ожидая смерти.

И настроение было осеннее. Быть может, оттого, что, ставши рабочим, я уже видел нашу городскую жизнь только с ее изнанки, почти каждый день мне приходилось делать открытия, приводившие меня просто в отчаяние. Те мои сограждане, о которых раньше я не был никакого мнения или которые с внешней стороны представлялись вполне порядочными, теперь оказывались людьми низкими, жестокими, способными на всякую гадость. Нас, простых людей, обманывали, обсчитывали, заставляли по целым часам дожидаться в холодных сенях или в кухне, нас оскорбляли и обращались с нами крайне грубо. Осенью в нашем клубе я оклеивал обоями читальню и две комнаты; мне заплатили по семи копеек за кусок, но приказали расписаться – по двенадцати, и когда я отказался исполнить это, то благообразный господин в золотых очках, должно быть один из старшин клуба, сказал мне:

— Если ты, мерзавец, будешь еще много разговаривать, то я тебе всю морду побью.

И когда лакей шепнул ему, что я сын архитектора Полознева, то он сконфузился, покраснел, но тотчас же оправился и сказал:

— А черт с ним!

В лавках нам, рабочим, сбывали тухлое мясо, леглую муку и спитой чай; в церкви нас толкала полиция, в больницах нас обирали фельдшера и сиделки, и если мы по бедности не давали им взяток, то нас в отместку кормили из грязной посуды; на почте самый маленький чиновник считал себя вправе обращаться с нами, как с животными, и кричать грубо и нагло: «Обожди! Куда лезешь?» Даже дворовые собаки — и те относились к нам недружелюбно и бросались на нас с какою-то особенною злобой. Но главное, что больше всего поражало меня в моем новом положении, это совершенное отсутствие справедливости, именно то самое, что у народа определяется словами: «Бога забыли». Редкий день обходился без мошенничества. Мошенничали и купцы, продававшие нам олифу, и подрядчики, и ребята, и сами заказчики. Само собою, ни о каких наших правах не могло быть и речи, и свои заработанные деньги мы должны были всякий раз выпрашивать как милостыню, стоя у черного крыльца без шапок.

Я оклеивал в клубе одну из комнат, смежных с читальней; вечером, когда я уже собирался уходить, в эту комнату вошла дочь инженера Должикова с пачкой книг в руках.

Я поклонился ей.

— А, здравствуйте! — сказала она, тотчас же узнав меня и протягивая руку. — Очень рада вас видеть.

Она улыбалась и осматривала с любопытством и с недоумением мою блузу, ведро с клейстером, обои, растянутые на полу; я смутился, и ей тоже стало неловко.

— Вы извините, что я на вас смотрю так, — сказала она. — Мне много говорили о вас. Особенно доктор Благово, — он просто влюблен в вас. И с сестрой вашей я уже познакомилась; милая, симпатичная девушка, но я никак не могла убедить ее, что в вашем опрощении нет ничего ужасного. Напротив, вы теперь самый интересный человек в городе.

Она опять поглядела на ведро с клейстером, на обои и продолжала:

— Я просила доктора Благово познакомить меня с вами поближе, но, очевидно, он забыл или не успел. Как бы ни было, мы все-таки знакомы, и если бы вы пожаловали ко мне как-нибудь запросто, то я была бы вам чрезвычайно обязана. Мне так хочется поговорить! Я простой человек, — сказала она, протягивая мне руку, — и, надеюсь, у меня вы будете без стеснения. Отца нет, он в Петербурге.

Она ушла в читальню, шурша платьем, а я, придя домой, долго не мог уснуть.

В эту же невеселую осень какая-то добрая душа, очевидно желая хотя немного облегчить мое существование, изредка присылала мне то чаю и лимонов, то печений, то жареных рябчиков. Карповна говорила, что приносил это всякий раз солдат, а от кого — неизвестно; и солдат расспрашивал, здоров ли я, каждый ли день я обедаю и есть ли у меня теплое платье. Когда наступили морозы, мне таким же образом, в мое отсутствие, с солдатом прислали мягкий вязаный шарф, от которого шел нежный, едва уловимый запах духов, и я угадал, кто была моя добрая фея. От шарфа пахло ландышами, любимыми духами Анюты Благово.

К зиме набралось больше работы, стало веселей. Редька опять ожил, и мы вместе работали в кладбищенской церкви, где шпатлевали иконостас для позолоты. Это была работа чистая, покойная и, как говорили наши, спорая. В один день можно было много сработать, и притом время бежало быстро, незаметно. Ни брани, ни смеха, ни громких разговоров. Само место обязывало к тишине и благочинию и располагало к тихим, серьезным мыслям. Погруженные в работу, мы стояли или сидели неподвижно, как статуи; была тишина мертвая, какая подобает кладбищу, так что если падал инструмент или трещал огонь в лампадке, то звуки эти раздавались гулко и резко – и мы оглядывались. После долгой тишины слышалось гуденье, точно летели пчелы: это у притвора, не торопясь, вполголоса, отпевали младенца; или живописец, писавший на куполе голубя и вокруг него звезды, начинал тихо посвистывать и, спохватившись, тотчас же умолкал; или Редька, отвечая своим мыслям, говорил со вздохом: «Все может быть! Все может быть!»; или над нашими головами раздавался медленный заунывный звон, и маляры замечали, что это, должно быть, богатого покойника несут…

Дни проводил я в этой тишине, в церковных сумерках, а в длинные вечера играл на бильярде или ходил в театр на галерею в своей новой триковой паре, которую я купил себе на заработанные деньги. У Ажогиных уже начались спектакли и концерты; декорации писал теперь один Редька. Он рассказывал мне содержание пьес и живых картин, какие ему приходилось видеть у Ажогиных, и я слушал его с завистью. Меня сильно тянуло на репетиции, но идти к Ажогиным я не решался.

За неделю до Рождества приехал доктор Благово. И опять мы спорили и по вечерам играли на бильярде. Играя, он снимал сюртук и расстегивал на груди рубаху и вообще старался почему-то придать себе вид отчаянного кутилы. Пил он немного, но шумно и ухитрялся оставлять в таком плохом, дешевом трактире, как «Волга», по двадцати рублей в вечер.

Опять у меня стала бывать сестра; оба они, увидев друг друга, всякий раз удивлялись, но по радостному, виноватому лицу ее видно было, что встречи эти были не случайны. Как-то вечером, когда мы играли на бильярде, доктор сказал мне:

– Послушайте, отчего вы не бываете у Должиковой? Вы не знаете Марии Викторовны, это умница, прелесть, простая, добрая душа.

Я рассказал ему, как весною принял меня инженер.

– Пустое! – рассмеялся доктор. – Инженер – сам по себе, а она – сама по себе. Право, голубчик, не обижайте ее, сходите к ней как-нибудь. Например, давайте сходим к ней завтра вечером. Хотите?

Он уговорил меня. На другой день вечером, надевши свою новую триковую пару и волнуясь, я отправился к Должиковой. Лакей уже не показался мне таким надменным и страшным и мебель такою роскошною, как в то утро, когда я являлся сюда просителем. Мария Викторовна ожидала меня и встретила как старого знакомого, и пожала руку крепко, дружески. Она была в сером суконном платье с широкими рукавами и в прическе, которую у нас в городе год спустя, когда она вошла в моду, называли «собачьими ушами». Волосы с висков были зачесаны на уши, и от этого лицо у Марии Викторовны стало как будто шире, и она показалась мне в этот раз очень похожей на своего отца, у которого лицо было широкое, румяное, и в выражении было что-то ямщицкое. Она была красива и изящна, но не молода, лет тридцати на вид, хотя на самом деле ей было двадцать пять, не больше.

– Милый доктор, как я ему благодарна! – говорила она, сажая меня. – Если бы не он, то вы не пришли бы ко мне. Мне скучно до смерти! Отец уехал и оставил меня одну, и я не знаю, что мне делать в этом городе.

Затем она стала расспрашивать меня, где я теперь работаю, сколько получаю, где живу.

– Вы тратите на себя только то, что зарабатываете? – спросила она.

– Да.

– Счастливый человек! – вздохнула она. – В жизни все зло, мне кажется, от праздности, от скуки, от душевной пустоты, а все это неизбежно, когда привыкаешь жить на счет других. Не подумайте, что я рисуюсь, искренно вам говорю: неинтересно и неприятно быть богатым. Приобретайте друзей богатством неправедным – так сказано, потому что вообще нет и не может быть богатства праведного.

Она с серьезным, холодным выражением оглядела мебель, точно хотела сосчитать ее, и продолжала:

– Комфорт и удобства обладают волшебною силой; они мало-помалу затягивают людей даже с сильною волей. Когда-то отец и я жили небогато и просто, а теперь видите как. Слыханное ли дело, – сказала она, пожав плечами, – мы проживаем до двадцати тысяч в год! В провинции!

– На комфорт и удобства приходится смотреть как на неизбежную привилегию капитала и образования, – сказал я, – и мне кажется, что удобства жизни можно сочетать с каким угодно, даже с самым тяжелым и грязным трудом. Ваш отец богат, однако же, как он говорит, ему пришлось побывать и в машинистах и в простых смазчиках.

Она улыбнулась и с сомнением покачала головой.

– Папа иногда ест и тюрю с квасом, – сказала она. – Забава, прихоть!

В это время послышался звонок, и она встала.

– Образованные и богатые должны работать, как все, – продолжала она, – а если комфорт, то одинаково для всех. Никаких привилегий не должно быть. Ну, бог с нею, с философией. Расскажите мне что-нибудь веселенькое. Расскажите мне про маляров. Какие они? Смешные?

Пришел доктор. Я стал рассказывать про маляров, но с непривычки стеснялся и рассказывал, как этнограф, серьезно и вяло. Доктор тоже рассказал несколько анекдотов из жизни мастеровых. Он пошатывался, плакал, становился на колени и даже, изображая пьяного, ложился на пол. Это была настоящая актерская игра, и Мария Викторовна, глядя на него, хохотала до слез. Потом он играл на рояле и пел своим приятным жиденьким тенором, а Мария Викторовна стояла возле и выбирала для него, что петь, и поправляла, когда он ошибался.

– Я слышал, вы тоже поете? – спросил я.

– Тоже! – ужаснулся доктор. – Она – чудная певица, артистка, а вы – тоже! Эка хватил!

– Я когда-то занималась серьезно, – ответила она на мой вопрос, – но теперь бросила.

Сидя на низкой скамеечке, она рассказывала нам про свою жизнь в Петербурге и изображала в лицах известных певцов, передразнивая их голоса и манеру петь; рисовала в альбоме доктора, потом меня, рисовала плохо, но оба мы вышли похожи. Она смеялась, шалила, мило гримасничала, и это больше шло к ней, чем разговоры о богатстве неправедном, и мне казалось, что говорила она со мною давеча о богатстве и комфорте не серьезно, а подражая кому-то. Это была превосходная комическая актриса. Я мысленно ставил ее рядом с нашими барышнями, и даже красивая, солидная Анюта Благово не выдерживала сравнения с нею; разница была громадная, как между хорошей культурной розой и диким шиповником.

Мы втроем ужинали. Доктор и Мария Викторовна пили красное вино, шампанское и кофе с коньяком; они чокались и пили за дружбу, за ум, за прогресс, за свободу, и не пьянели, а только раскраснелись и часто хохотали без причины, до слез. Чтобы не показаться скучным, и я тоже пил красное вино.

– Талантливые, богато одаренные натуры, – сказала Должикова, – знают, как им жить, и идут своею дорогой; средние же люди, как я, например, ничего не знают и ничего сами не могут; им ничего больше не остается, как подметить какое-нибудь глубокое общественное течение и плыть, куда оно понесет.

– Разве можно подметить то, чего нет? – спросил доктор.

– Нет, потому что мы не видим.

– Так ли? Общественные течения – это новая литература выдумала. Их нет у нас.

Начался спор.

– Никаких глубоких общественных течений у нас нет и не было, – говорил доктор громко. – Мало ли чего не выдумала новая литература! Она выдумала еще каких-то интеллигентных тружеников в деревне, а у нас обыщите все деревни и найдете разве только Неуважай-Корыто в пиджаке или в черном сюртуке, делающего в слове «еще» четыре ошибки. Культурная жизнь у нас еще не начиналась. Та же дикость, то же сплошное хамство, то же ничтожество, что и пятьсот лет назад. Течения, веяния, но ведь все это мелко, мизерабельно, притянуто к пошлым, грошовым интересикам – и неужели в них можно видеть что-нибудь серьезное? Если вам покажется, что вы подметили глубокое общественное течение и, следуя за ним, вы посвятите вашу жизнь таким задачам в современном вкусе, как освобождение насекомых от рабства или воздержание от говяжьих котлет, то – поздравляю вас, сударыня. Учиться нам нужно, учиться и учиться, а с глубокими общественными течениями погодим: мы еще не доросли до них и, по совести, ничего в них не понимаем.

– Вы не понимаете, а я понимаю, – сказала Мария Викторовна. – Вы сегодня бог знает какой скучный!

– Наше дело – учиться и учиться, стараться накоплять возможно больше знаний, потому что серьезные общественные течения там, где знания, и счастье будущего человечества только в знании. Пью за науку!

– Одно несомненно: надо устраивать себе жизнь как-нибудь по-иному, – сказала Мария Викторовна, помолчав и подумав, – а та жизнь, какая была до сих пор, ничего не стоит. Не будем говорить о ней.

Когда мы вышли от нее, то в соборе било уже два часа.

– Понравилась? – спросил доктор. – Не правда ли, славная?

В первый день Рождества мы обедали у Марии Викторовны и потом, в продолжение всех праздников, ходили к ней почти каждый день. У нее никто не бывал, кроме нас, и она была права, когда говорила, что, кроме меня и доктора, у нее в городе нет никого знакомых. Время мы проводили большею частью в разговорах; иногда доктор приносил с собою какую-нибудь книгу или журнал и читал нам вслух. В сущности, это был первый образованный человек, какого я встретил в жизни. Не могу судить, много ли он знал, но он постоянно обнаруживал свои знания, так как хотел, чтобы и другие также знали. Когда он говорил о чем-нибудь относящемся к медицине, то не походил ни на одного из наших городских докторов, а производил какое-то новое, особенное впечатление, и мне казалось, что если бы он захотел, то мог бы стать настоящим ученым. И это, пожалуй, был единственный человек, который в то время имел серьезное влияние на меня. Видаясь с ним и прочитывая книги, какие он давал мне, я стал мало-помалу чувствовать потребность в знаниях, которые одухотворяли бы мой невеселый труд. Мне уже казалось странным, что раньше я не знал, например, что весь мир состоит из шестидесяти простых тел, не знал, что такое олифа, что такое краски, и как-то мог обходиться без этих знаний. Знакомство к доктором подняло меня и нравственно. Я часто спорил с ним, и хотя обыкновенно оставался при своем мнении, но все же благодаря ему я мало-помалу стал замечать, что для самого меня не все было ясно, и я уже старался выработать в себе возможно определенные убеждения, чтобы указания совести были определенны и не имели бы в себе ничего смутного. Тем не менее все-таки этот самый образованный и лучший человек в городе далеко еще не был совершенством. В его манерах, в привычке всякий разговор сводить на спор, в его приятном теноре и даже в его ласковости было что-то грубоватое, семинарское, и когда он снимал сюртук и оставался в одной шелковой рубахе или бросал в трактире лакею на чай, то мне казалось всякий раз, что культура – культурой, а татарин все еще бродит в нем.

На Крещение он опять уехал в Петербург. Он уехал утром, а после обеда пришла ко мне сестра. Не снимая шубы и шапки, она сидела молча, очень бледная, и смотрела в одну точку. Ее познабливало, и видно было, что она перемогалась.

– Ты, должно быть, простудилась, – сказал я.

Глаза у нее наполнились слезами, она встала и пошла к Карповне, не сказав мне ни слова, точно я обидел ее. И немного погодя я слышал, как она говорила тоном горького упрека:

– Нянька, для чего я жила до сих пор? Для чего? Ты скажи: разве я не погубила своей молодости? В лучшие годы своей жизни только и знать, что записывать расходы, разливать чай, считать копейки, занимать гостей и думать, что выше этого ничего нет на свете! Нянька, пойми, ведь и у меня есть человеческие запросы, и я хочу жить, а из меня сделали какую-то ключницу. Ведь это ужасно, ужасно!

Она швырнула ключи в дверь, и они со звоном упали в моей комнате. Это были ключи от буфета, от кухонного шкапа, от погреба и от чайной шкатулки, – те самые ключи, которые когда-то еще носила моя мать.

– Ах, ох, батюшки! – ужасалась старуха. – Святители-угодники!

Уходя домой, сестра зашла ко мне, чтобы подобрать ключи, и сказала:

– Ты извини меня. Со мною в последнее время делается что-то странное.

VIII

Как-то, вернувшись от Марии Викторовны поздно

вечером, я застал у себя в комнате молодого околоточного в новом мундире; он сидел за моим столом и перелистывал книгу.

– Наконец-то! – сказал он, вставая и потягиваясь. – Я к вам уже в третий раз прихожу. Губернатор приказал, чтобы вы пришли к нему завтра ровно в девять часов утра. Непременно.

Он взял с меня подписку, что я в точности исполню приказ его превосходительства, и ушел. Это позднее посещение околоточного и неожиданное приглашение к губернатору подействовали на меня самым угнетающим образом. У меня с раннего детства остался страх перед жандармами, полицейскими, судейскими, и теперь меня томило беспокойство, будто я в самом деле был виноват в чем-то. И я никак не мог уснуть. Нянька и Прокофий тоже были взволнованы и не спали. К тому же еще у няньки болело ухо, она стонала и несколько раз принималась плакать от боли. Услышав, что я не сплю, Прокофий осторожно вошел ко мне с лампочкой и сел у стола.

– Вам бы перцовки выпить… – сказал он, подумав. – В сей юдоли как выпьешь, оно и ничего. И ежели бы мамаше влить в ухо перцовки, то большая польза.

В третьем часу он собрался в бойню за мясом. Я знал, что мне уже не уснуть до утра, и, чтобы как-нибудь скоротать время до девяти часов, я отправился вместе с ним. Мы шли с фонарем, а его мальчик Николка, лет тринадцати, с синими пятнами на лице от ознобов, по выражению – совершенный разбойник, ехал за нами в санях, хриплым голосом понукая лошадь.

– Вас у губернатора, должно, наказывать будут, – говорил мне дорогой Прокофий. – Есть губернаторская наука, есть архимандритская наука, есть офицерская наука, есть докторская наука, и для каждого звания есть своя наука. А вы не де́ржитесь своей науки, и этого вам нельзя дозволить.

Бойня находилась за кладбищем, и раньше я видел ее только издали. Это были три мрачных сарая, окруженные серым забором, от которых, когда дул с их стороны ветер, летом в жаркие дни несло удушливою вонью. Теперь, войдя во двор, в потемках я не видел сараев; мне все попадались лошади и сани, пустые и уже нагруженные мясом; ходили люди с фонарями и отвратительно бранились. Бранились и Прокофий и Николка так же гадко, и в воздухе стоял непрерывный гул от брани, кашля и лошадиного ржанья.

Пахло трупами и навозом. Таяло, снег уже перемешался с грязью, и мне в потемках казалось, что я хожу по лужам крови.

Набравши полные сани мяса, мы отправились на рынок в мясную лавку. Стало светать. Пошли одна за другою кухарки с корзинами и пожилые дамы в салопах. Прокофий с топором к руке, в белом обрызганном кровью фартуке, страшно клялся, крестился на церковь, кричал громко на весь рынок, уверяя, что он отдает мясо по своей цене и даже себе в убыток. Он обвешивал, обсчитывал, кухарки видели это, но, оглушенные его криком, не протестовали, а только обзывали его ка́том. Поднимая и опуская свой страшный топор, он принимал картинные позы и всякий раз со свирепым выражением издавал звук «гек!», и я боялся, как бы в самом деле он не отрубил кому-нибудь голову или руку.

Я пробыл в мясной лавке все утро, и когда наконец пошел к губернатору, то от моей шубы пахло мясом и кровью. Душевное состояние у меня было такое, будто я, по чьему-то приказанию, шел с рогатиной на медведя. Я помню высокую лестницу с полосатым ковром и молодого чиновника во фраке со светлыми пуговицами, который молча, двумя руками, указал мне на дверь и побежал доложить. Я вошел в зал, в котором обстановка была роскошна, но холодна и безвкусна, и особенно неприятно резали глаза высокие и узкие зеркала в простенках и ярко-желтые портьеры на окнах;

видно было, что губернаторы менялись, а обстановка оставалась все та же. Молодой чиновник опять указал мне двумя руками на дверь, и я направился к большому зеленому столу, за которым стоял военный генерал с Владимиром на шее.

— Господин Полознев, я просил вас явиться, — начал он, держа в руке какое-то письмо и раскрывая рот широко и кругло, как буква о, — я просил вас явиться, чтобы объявить вам следующее. Ваш уважаемый батюшка письменно и устно обращался к губернскому предводителю дворянства, прося его вызвать вас и поставить вам на вид все несоответствие поведения вашего со званием дворянина, которое вы имеете честь носить. Его превосходительство Александр Павлович, справедливо полагая, что поведение ваше может служить соблазном, и находя, что тут одного убеждения с его стороны было бы недостаточно, а необходимо серьезное административное вмешательство, представил мне вот в этом письме свои соображения относительно вас, которые я разделяю.

Он говорил это тихо, почтительно, стоя прямо, точно я был его начальником, и глядя на меня совсем не строго. Лицо у него было дряблое, поношенное, все в морщинах, под глазами отвисали мешки, волоса он красил, и вообще по наружности нельзя было определить, сколько ему лет — сорок или шестьдесят.

— Надеюсь, — продолжал он, — что вы оцените деликатность почтенного Александра Павловича, который обратился ко мне не официально, а частным образом. Я также пригласил вас неофициально и говорю с вами не как губернатор, а как искренний почитатель вашего родителя. Итак, прошу вас — или изменить ваше поведение и вернуться к обязанностям, приличным вашему званию, или же, во избежание соблазна, переселиться в другое место, где вас не знают и где вы можете заниматься, чем вам угодно. В противном же случае я должен буду принять крайние меры.

Он с полминуты простоял молча, с открытым ртом, глядя на меня.

— Вы вегетарианец? — спросил он.

— Нет, ваше превосходительство, я ем мясо.

Он сел и потянул к себе какую-то бумагу; я поклонился и вышел.

До обеда уже не стоило идти на работу. Я отправился домой спать, но не мог уснуть от неприятного, болезненного чувства, навеянного на меня бойней и разговором с губернатором, и, дождавшись вечера, расстроенный, мрачный, пошел к Марии Викторовне. Я рассказывал ей о том, как я был у губернатора, а она смотрела на меня с недоумением, точно не верила, и вдруг захохотала весело, громко, задорно, как умеют хохотать только добродушные, смешливые люди.

— Если бы это рассказать в Петербурге! — проговорила она, едва не падая от смеха и склоняясь к своему столу. — Если бы это рассказать в Петербурге!

IX

Теперь мы виделись уже часто, раза по два в день. Она почти каждый день после обеда приезжала на кладбище и, поджидая меня, читала надписи на крестах и памятниках; иногда входила в церковь и, стоя возле меня, смотрела, как я работаю. Тишина, наивная работа живописцев и позолотчиков, рассудительность Редьки и то, что я наружно ничем не отличался от других мастеровых и работал, как они, в одной жилетке и в опорках, и что мне говорили ты— это было ново для нее и трогало ее. Однажды при ней живописец, писавший наверху голубя, крикнул мне:

— Мисаил, дай-ка мне белил!

Я отнес ему белил, и, когда потом спускался вниз по

жидким подмосткам, она смотрела на меня, растроганная до слез, и улыбалась.

— Какой вы милый! — сказала она.

У меня с детства осталось в памяти, как у одного из наших богачей вылетел из клетки зеленый попугай и как потом эта красивая птица целый месяц бродила по городу, лениво перелетая из сада в сад, одинокая, бесприютная. И Мария Викторовна напоминала мне эту птицу.

— Кроме кладбища, мне теперь положительно негде бывать, — говорила она мне со смехом. — Город прискучил до отвращения. У Ажогиных читают, поют, сюсюкают, я не переношу их в последнее время; ваша сестра — нелюдимка, mademoiselle Благово за что-то ненавидит меня, театра я не люблю. Куда прикажете деваться?

Когда я бывал у нее, от меня пахло краской и скипидаром, руки мои были темны — и ей это нравилось; она хотела также, чтобы я приходил к ней не иначе, как в своем обыкновенном рабочем платье; но в гостиной это платье стесняло меня, я конфузился, точно был в мундире, и потому, собираясь к ней, всякий раз надевал свою новую триковую пару. И это ей не нравилось.

— А вы, сознайтесь, не вполне еще освоились с вашею новою ролью, — сказала она мне однажды. — Рабочий костюм стесняет вас, вам неловко в нем. Скажите, не оттого ли это, что в вас нет уверенности и что вы не удовлетворены? Самый род труда, который вы избрали, эта ваша малярия — неужели она удовлетворяет вас? — спросила она, смеясь. — Я знаю, окраска делает предметы красивее и прочнее, но ведь эти предметы принадлежат горожанам, богачам, и в конце концов составляют роскошь. К тому же вы сами не раз говорили, что каждый должен добывать себе хлеб собственными руками, между тем вы добываете деньги, а не хлеб. Почему бы не держаться буквального смысла ваших слов? Нужно добывать именно хлеб, то есть нужно пахать, сеять, косить, молотить

51

или делать что-нибудь такое, что имеет непосредственное отношение к сельскому хозяйству, например, пасти коров, копать землю, рубить избы…

Она открыла хорошенький шкап, стоявший около ее письменного стола, и сказала:

— Все это я вам к тому говорю, что мне хочется посвятить вас в свою тайну. Voilà! Это моя сельскохозяйственная библиотека. Тут и поле, и огород, и сад, и скотный двор, и пасека. Я читаю с жадностью и уже изучила в теории все до капельки. Моя мечта, моя сладкая греза: как только наступит март, уеду в нашу Дубечню. Дивно там, изумительно! Не правда ли? В первый год я буду приглядываться к делу и привыкать, а на другой год уже сама стану работать по-настоящему, не щадя, как говорится, живота. Отец обещал подарить мне Дубечню, и я буду делать в ней все, что захочу.

Раскраснеешись, волнуясь до слез и смеясь, она мечтала вслух о том, как она будет жить в Дубечне и какая это будет интересная жизнь. А я завидовал ей. Март был уже близко, дни становились все больше и больше, и в яркие солнечные полдни капало с крыш и пахло весной; мне самому хотелось в деревню.

И когда она сказала, что переедет жить в Дубечню, мне живо представилось, как я останусь в городе один, и я почувствовал, что ревную ее к шкапу с книгами и к сельскому хозяйству. Я не знал и не любил сельского хозяйства и хотел было сказать ей, что сельское хозяйство есть рабское занятие, но вспомнил, что нечто подобное было уже не раз говорено моим отцом, и промолчал.

Наступил Великий пост. Приехал из Петербурга инженер Виктор Иваныч, о существовании которого я уже стал забывать. Приехал он неожиданно, не предупредив даже телеграммой. Когда я пришел, по обыкновению, вечером, он, умытый, подстриженный, помолодевший лет на десять, ходил по гостиной и что-то рассказывал; дочь его, стоя на коленях, вынимала из чемоданов коробки, флаконы, книги и подавала все это лакею Павлу. Увидав инженера, я невольно сделал шаг назад, а он протянул ко мне обе руки и сказал, улыбаясь, показывая свои белые, крепкие, ямщицкие зубы:

– Вот и он, вот и он! Очень рад видеть вас, господин маляр! Маша все рассказала, она тут спела вам целый панегирик. Вполне вас понимаю и одобряю! – продолжал он, беря меня под руку. – Быть порядочным рабочим куда умнее и честнее, чем изводить казенную бумагу и носить на лбу кокарду. Я сам работал в Бельгии, вот этими руками, потом ходил два года машинистом…

Он был в коротком пиджаке и по-домашнему в туфлях, ходил, как подагрик, слегка переваливаясь и потирая руки. Что-то напевая, он тихо мурлыкал и все пожимался от удовольствия, что наконец вернулся домой и принял свой любимый душ.

– Спора нет, – говорил он мне за ужином, – спора нет, все вы милые, симпатичные люди, но почему-то, господа, как только вы беретесь за физический труд или начинаете спасать мужика, то все это у вас в конце концов сводится к сектантству. Разве вы не сектант? Вот вы не пьете водки. Что же это, как не сектантство?

Чтобы доставить ему удовольствие, я выпил водки. Выпил и вина. Мы пробовали сыры, колбасы, паштеты, пикули и всевозможные закуски, которые привез с собою инженер, и вина, полученные в его отсутствие из-за границы. Вина были превосходны. Почему-то вина и сигары инженер получал из-за границы беспошлинно; икру и балыки кто-то присылал ему даром, за квартиру он не платил, так как хозяин дома поставлял на линию керосин; и вообще на меня он и его дочь производили такое впечатление, будто все лучшее в мире было к их услугам и получалось ими совершенно даром.

Я продолжал бывать у них, но уже не так охотно. Инженер стеснял меня, и в его присутствии я чувствовал себя связанным. Я не выносил его ясных, невинных глаз, рассуждения его томили меня, были мне противны; томило и воспоминание о том, что еще так недавно я был подчинен этому сытому, румяному человеку и что он был со мною немилосердно груб. Правда, он брал меня за талию, ласково хлопал по плечу, одобрял мою жизнь, но я чувствовал, что он по-прежнему презирает мое ничтожество и терпит меня только в угоду своей дочери; и я уже не мог смеяться и говорить, что хочу, и держался нелюдимом, и все ждал, что, того и гляди, он обзовет меня Пантелеем, как своего лакея Павла. Как возмущалась моя провинциальная, мещанская гордость! Я, пролетарий, маляр, каждый день хожу к людям богатым, чуждым мне, на которых весь город смотрит как на иностранцев, и каждый день пью у них дорогие вина и ем необыкновенное – с этим не хотела мириться моя совесть! Идя к ним, я угрюмо избегал встречных и глядел исподлобья, точно в самом деле был сектантом, а когда уходил от инженера домой, то стыдился своей сытости.

А главное, я боялся увлечься. Шел ли я по улице, работал ли, говорил ли с ребятами, я все время думал только о том, как вечером пойду к Марии Викторовне, и воображал себе ее голос, смех, походку. Собираясь к ней, я всякий раз долго стоял у няньки перед кривым зеркалом, завязывая себе галстук, моя триковая пара казалась мне отвратительною, и я страдал, и в то же время презирал себя за то, что я так мелочен. Когда она кричала мне из другой комнаты, что она не одета, и просила подождать, я слышал, как она одевалась; это волновало меня, я чувствовал, будто подо мною опускается пол. А когда я видел на улице, хотя бы издали, женскую фигуру, то непременно сравнивал; мне казалось тогда, что все наши женщины и девушки вульгарны, нелепо одеты, не умеют держать себя; и эти сравнения возбуждали во мне чувство гордости: Мария Викторовна лучше всех! А по ночам я видел ее и себя во сне.

Как-то за ужином мы вместе с инженером съели целого омара. Возвращаясь потом домой, я вспомнил, что инженер за ужином два раза сказал мне «любезнейший», и я рассудил, что в этом доме ласкают меня, как большого несчастного пса, отбившегося от своего хозяина, что мною забавляются и, когда я надоем, меня прогонят, как пса. Мне стало стыдно и больно, больно до слез, точно меня оскорбили, и я, глядя на небо, дал клятву положить всему этому конец.

На другой день я не пошел к Должиковым. Поздно вечером, когда было совсем темно и лил дождь, я прошелся по Большой Дворянской, глядя на окна. У Ажогиных уже спали, и только в одном из крайних окон светился огонь; это у себя в комнате старуха Ажогина вышивала при трех свечах, воображая, что борется с предрассудками. У наших было темно, а в доме напротив, у Должиковых, окна светились, но ничего нельзя было разглядеть сквозь цветы и занавески. Я все ходил по улице; холодный мартовский дождь поливал меня. Я слышал, как мой отец вернулся из клуба; он постучал в ворота, через минуту в окне показался огонь, и я увидел сестру, которая шла торопливо с лампой и на ходу одною рукой поправляла свои густые волосы. Потом отец ходил в гостиной из угла в угол и говорил о чем-то, потирая руки, а сестра сидела в кресле неподвижно, о чем-то думая, не слушая его.

Но вот они ушли, огонь погас... Я оглянулся на дом инженера – и тут уже было темно. В темноте, под дождем, я почувствовал себя безнадежно одиноким, брошенным на произвол судьбы, почувствовал, как в сравнении с этим моим одиночеством, в сравнении со страданием, настоящим и с тем, которое мне еще предстояло в жизни, мелки все мои дела, желания и все то, что я до сих пор думал, говорил. Увы, дела и мысли живых существ далеко не так значительны, как их скорби! И, не отдавая себе ясно отчета в том, что я делаю, я изо всей силы дернул за звонок у ворот Должикова, порвал его и побежал по улице, как мальчишка, испытывая страх и думая, что сейчас непременно выйдут и узнают меня. Когда я остановился в конце улицы, чтобы перевести дух, слышно было только, как шумел дождь да как где-то далеко по чугунной доске стучал сторож.

Я целую неделю не ходил к Должиковым. Триковая пара была продана. Малярной работы не было, я опять жил впроголодь, добывая себе по десять-двадцать копеек в день, где придется, тяжелою, неприятною работой. Болтаясь по колена в холодной грязи, надсаживая грудь, я хотел заглушить воспоминания и точно мстил себе за все те сыры и консервы, которыми меня угощали у инженера; но все же, едва я ложился в постель, голодный и мокрый, как мое грешное воображение тотчас же начинало рисовать мне чудные, обольстительные картины, и я с изумлением сознавался себе, что я люблю, страстно люблю, и засыпал крепко и здорово, чувствуя, что от этой каторжной жизни мое тело становится только сильнее и моложе.

В один из вечеров некстати пошел снег и подуло с севера, точно опять наступала зима. Вернувшись с работы в этот вечер, я застал в своей комнате Марию Викторовну. Она сидела в шубке, держа обе руки в муфте.

– Отчего вы не бываете у меня? – спросила она, поднимая свои умные, ясные глаза, и я сильно смутился от радости и стоял перед ней навытяжку, как перед отцом, когда тот собирался бить меня; она смотрела мне в лицо, и по глазам ее было видно, что она понимает, почему я смущен.

– Отчего вы не бываете у меня? – повторила она. – Если вы не хотите бывать, то вот я сама пришла.

Она встала и близко подошла ко мне.

– Не покидайте меня, – сказала она, и глаза ее наполнились слезами. – Я одна, я совершенно одна!

Она заплакала и проговорила, закрывая лицо муфтой:

– Одна! Мне тяжело жить, очень тяжело, и на всем свете нет у меня никого, кроме вас. Не покидайте меня

Ища платка, чтобы утереть слезы, она улыбнулась; мы молчали некоторое время, потом я обнял ее и поцеловал, при этом оцарапал себе щеку до крови булавкой, которою была приколота ее шапка.

И мы стали говорить так, как будто были близки друг другу уже давно-давно…

X

Дня через два она послала меня в Дубечню, и я был несказанно рад этому. Когда я шел на вокзал и потом сидел в вагоне, то смеялся без причины, и на меня смотрели как на пьяного. Шел снег, и был мороз по утрам, но дороги уже потемнели, и над ними, каркая, носились грачи.

Сначала я предполагал устроить помещение для нас обоих, для меня и Маши, в боковом флигеле, против флигеля госпожи Чепраковой, но в нем, как оказалось, издавна жили голуби и утки, и очистить его было невозможно без того, чтобы не разрушить множества гнезд. Пришлось волей-неволей отправляться в неуютные комнаты большого дома с жалюзи. Мужики называли этот дом палатами; в нем было больше двадцати комнат, а мебели только одно фортепиано да детское креслице, лежавшее на чердаке, и если бы Маша привезла из города всю свою мебель, то и тогда все-таки нам не удалось бы устранить этого впечатления угрюмой пустоты и холода. Я выбрал три небольшие комнаты с окнами в сад и с раннего утра до ночи убирал их, вставляя новые стекла, оклеивая обоями, заделывая в полу щели и дыры. Это был легкий, приятный труд. То и дело я бегал к реке взглянуть, не идет ли лед; все мне чудилось, что прилетели скворцы. А ночью, думая о Маше, я с невыразимо сладким чувством, с захватывающею радостью прислушивался к тому, как шумели крысы и как над потолком гудел и стучал ветер; казалось, что на чердаке кашлял старый домовой.

Снег был глубокий; его много еще подвалило в конце марта, но он растаял быстро, как по волшебству, вешние воды прошли буйно, так что в начале апреля уже шумели скворцы и летали в саду желтые бабочки. Была чудесная погода. Я каждый день перед вечером ходил к городу встречать Машу, и что это было за наслаждение ступать босыми ногами по просыхающей, еще мягкой дороге! На полпути я садился и смотрел на город, не решаясь подойти к нему близко. Вид его смущал меня. Я все думал: как отнесутся ко мне мои знакомые, узнав о моей любви? Что скажет отец? Особенно же смущала меня мысль, что жизнь моя осложнилась и что я совсем потерял способность управлять ею, и она, точно воздушный шар, уносила меня бог знает куда. Я уже не думал о том, как мне добыть себе пропитание, как жить, а думал – право, не помню о чем.

Маша приезжала в коляске; я садился к ней, и мы ехали вместе в Дубечню, веселые, свободные. Или, до-ждавшись захода солнца, я возвращался домой недовольный, скучный, недоумевая, отчего не приехала Маша, а у ворот усадьбы или в саду меня встречало неожиданно милое привидение – она! Оказывалось, что она приехала по железной дороге и со станции пришла пешком. Какое это было торжество! В простеньком шерстяном платье, в косыночке, со скромным зонтиком, но затянутая, стройная, в дорогих заграничных ботинках – это была талантливая актриса, игравшая мещаночку. Мы осматривали наше хозяйство и решали, где будет чья комната, где у нас будут аллеи, огород, пасека. У нас уже были куры, утки и гуси, которых мы любили за то, что они были наши. У нас уже были приготовлены для посева овес, клевер, тимошка, греча и огородные семена, и мы всякий раз осматривали все это и обсуждали подолгу, какой может быть урожай, и все, что говорила мне Маша, казалось мне необыкновенно умным и прекрасным. Это было самое счастливое время моей жизни.

Вскоре после Фоминой недели мы венчались в нашей приходской церкви, в селе Куриловке, в трех верстах от Дубечни. Маша хотела, чтобы все устроилось скромно; по ее желанию, шаферами у нас были крестьянские парни, пел один дьячок, и возвращались мы из церкви на небольшом тряском тарантасе, и она сама правила. Из городских гостей у нас была только моя сестра Клеопатра, которой дня за три до свадьбы Маша послала записку. Сестра была в белом платье и в перчатках. Во время венчания она тихо плакала от умиления и радости, выражение лица у нее было материнское, бесконечно доброе. Она опьянела от нашего счастья и улыбалась, будто вдыхала в себя сладкий чад, и, глядя на нее во время нашего венчания, я понял, что для нее на свете нет ничего выше любви, земной любви, и что она мечтает о ней тайно, робко, но постоянно и страстно. Она обнимала и целовала Машу и, не зная, как выразить свой восторг, говорила ей про меня:

– Он добрый! Он очень добрый!

Перед тем как уехать от нас, она переоделась в свое обыкновенное платье и повела меня в сад, чтобы поговорить со мною наедине.

– Отец очень огорчен, что ты ничего не написал ему, – сказала она, – нужно было попросить у него благословения. Но, в сущности, он очень доволен. Он говорит, что эта женитьба поднимет тебя в глазах всего общества и что под влиянием Марии Викторовны ты станешь серьезнее относиться к жизни. Мы по вечерам теперь говорим только о тебе, и вчера он даже выразился так: «Наш Мисаил». Это меня порадовало. По-видимому, он что-то задумал, и мне кажется, он хочет показать тебе пример великодушия и первый заговорит о примирении. Очень возможно, что на днях он приедет сюда к вам.

Она несколько раз торопливо перекрестила меня и сказала:

– Ну, бог с тобою, будь счастлив. Анюта Благово очень умная девушка, она говорит про твою женитьбу, что это бог посылает тебе новое испытание. Что ж? В семейной жизни не одни радости, но и страдания. Без этого нельзя.

Провожая ее, я и Маша прошли пешком версты три; потом, возвращаясь, мы шли тихо и молча, точно отдыхали. Маша держала меня за руку, на душе было легко, и уже не хотелось говорить о любви; после венчания мы стали друг другу еще ближе и родней, и нам казалось, что уже ничто не может разлучить нас.

– Твоя сестра – симпатичное существо, – сказала Маша, – но похоже, будто ее долго мучили. Должно быть, твой отец ужасный человек.

Я стал рассказывать ей, как воспитывали меня и сестру и как в самом деле было мучительно и бестолково наше детство. Узнав, что еще так недавно меня бил отец, она вздрогнула и прижалась ко мне.

– Не рассказывай больше, – проговорила она. – Это страшно.

Теперь уже она не расставалась со мною. Мы жили в большом доме, в трех комнатах, и по вечерам крепко запирали дверь, которая вела в пустую часть дома, точно там жил кто-то, кого мы не знали и боялись. Я вставал рано, с рассветом, и тотчас же принимался за какую-нибудь работу. Я починял телеги, проводил в саду дорожки, копал гряды, красил крышу на доме. Когда пришло время сеять овес, я пробовал двоить, скородить, сеять и делал все это добросовестно, не отставая от работника; я утомлялся, от дождя и от резкого холодного ветра у меня подолгу горели лицо и ноги, по ночам снилась мне вспаханная земля. Но полевые работы не привлекали меня. Я не знал сельского хозяйства и не любил его; это, быть может, оттого, что предки мои не были земледельцами и в жилах моих текла чисто городская кровь. Природу я любил нежно, любил и поле, и луга, и огороды, но мужик,

60

поднимающий сохой землю, понукающий свою жалкую лошадь, оборванный, мокрый, с вытянутою шеей, был для меня выражением грубой, дикой, некрасивой силы, и, глядя на его неуклюжие движения, я всякий раз невольно начинал думать о давно прошедшей, легендарной жизни, когда люди не знали еще употребления огня. Суровый бык, ходивший с крестьянским стадом, и лошади, когда они, стуча копытами, носились по деревне, наводили на меня страх, и все мало-мальски крупное, сильное и сердитое, был ли то баран с рогами, гусак или цепная собака, представлялось мне выражением все той же грубой дикой силы. Это предубеждение особенно сильно говорило во мне в дурную погоду, когда над черным вспаханным полем нависали тяжелые облака. Главное же, когда я пахал или сеял, а двое-трое стояли и смотрели, как я это делаю, то у меня не было сознания неизбежности и обязательности этого труда, и мне казалось, что я забавляюсь. И я предпочитал делать что-нибудь во дворе, и ничто мне так не нравилось, как красить крышу.

Я ходил через сад и через луг на нашу мельницу. Ее арендовал Степан, куриловский мужик, красивый, смуглый, с густою черною бородой, на вид – силач. Мельничного дела он не любил и считал его скучным и невыгодным, а жил на мельнице только для того, чтобы не жить дома. Он был шорник, и около него всегда приятно пахло смолой и кожей. Разговаривать он не любил, был вял, неподвижен, и все напевал «у-лю-лю-лю», сидя на берегу или на пороге. К нему приходили иногда из Куриловки его жена и теща, обе белолицые, томные, кроткие; они низко кланялись ему и называли его «вы, Степан Петрович». А он, не ответив на их поклон ни движением, ни словом, садился в стороне на берегу и напевал тихо: «у-лю-лю-лю». Проходил в молчании час-другой. Теща и жена, пошептавшись, вставали и некоторое время глядели на него, ожидая, что он оглянется, потом низко кланялись и говорили сладкими, певучими голосами:

— Прощайте, Степан Петрович!

И уходили. После того, убирая оставленный ими узел с баранками или рубаху, Степан вздыхал и говорил, мигнув в их сторону:

— Женский пол!

Мельница в два постава работала днем и ночью. Я помогал Степану, это мне нравилось, и когда он уходил куда-нибудь, я охотно оставался вместо него.

XI

После теплой, ясной погоды наступила распутица; весь май шли дожди, было холодно. Шум мельничных колес и дождя располагал к лени и ко сну. Дрожал пол, пахло мукой, и это тоже нагоняло дремоту. Жена в коротком полушубке, в высоких, мужских калошах, показывалась раза два в день и говорила всегда одно и то же:

— И это называется летом! Хуже, чем в октябре!

Вместе мы пили чай, варили кашу или по целым часам сидели молча, ожидая, не утихнет ли дождь. Раз, когда Степан ушел куда-то на ярмарку, Маша пробыла на мельнице всю ночь. Когда мы встали, то нельзя было понять, который час, так как дождевые облака заволокли все небо; только пели сонные петухи в Дубечне и кричали дергачи на лугу; было еще очень, очень рано… Мы с женой спустились к плёсу и вытащили вершу, которую накануне при нас забросил Степан. В ней бился один большой окунь и, задирая вверх клешню, топорщился рак.

— Выпусти их, — сказала Маша. — Пусть и они будут счастливы.

Оттого, что мы встали очень рано и потом ничего не

делали, этот день казался очень длинным, самым длинным в моей жизни. Перед вечером вернулся Степан, и я пошел домой, в усадьбу.

– Сегодня приезжал твой отец, – сказала мне Маша.

– Где же он? – спросил я.

– Уехал. Я его не приняла.

Видя, что я стою и молчу, что мне жаль моего отца, она сказала:

– Надо быть последовательным. Я не приняла и велела передать ему, чтобы он уже больше не беспокоился и не приезжал к нам.

Через минуту я уже был за воротами и шел в город, чтобы объясниться с отцом. Было грязно, скользко, холодно. В первый раз после свадьбы мне стало грустно, и в мозгу моем, утомленном этим длинным серым днем, промелькнула мысль, что, быть может, я живу не так, как надо. Я утомился, мало-помалу мною овладели слабодушие, лень, не хотелось двигаться, соображать, и, пройдя немного, я махнул рукой и вернулся назад.

Среди двора стоял инженер в кожаном пальто с капюшоном и говорил громко:

– Где мебель? Была прекрасная мебель в стиле empire, были картины, были вазы, а теперь хоть шаром покати! Я покупал имение с мебелью, черт бы ее драл!

Около него стоял и мял в руках свою шапку генеральшин работник Моисей, парень лет двадцати пяти, худой, рябоватый, с маленькими наглыми глазами; одна щека у него была больше другой, точно он отлежал ее.

– Вы, ваше высокоблагородие, изволили покупать без мебели, – нерешительно проговорил он. – Я помню-с.

– Замолчать! – крикнул инженер, побагровел, затрясся, и эхо в саду громко повторило его крик.

XII

Когда я делал что-нибудь в саду или на дворе, то Моисей стоял возле и, заложив руки назад, лениво и нагло глядел на меня своими маленькими глазками. И это до такой степени раздражало меня, что я бросал работу и уходил.

От Степана мы узнали, что этот Моисей был любовником у генеральши. Я заметил, что когда к ней приходили за деньгами, то сначала обращались к Моисею, и раз я видел, как какой-то мужик, весь черный, должно быть угольщик, кланялся ему в ноги; иногда, пошептавшись, он выдавал деньги сам, не докладывая барыне, из чего я заключил, что при случае он оперировал самостоятельно, за свой счет.

Он стрелял у нас в саду под окнами, таскал из нашего погреба съестное, брал, не спросясь, лошадей, а мы возмущались, переставали верить, что Дубечня наша, и Маша говорила, бледнея:

— Неужели мы должны жить с этими гадами еще полтора года?

Сын генеральши, Иван Чепраков, служил кондуктором на нашей дороге. За зиму он сильно похудел и ослабел, так что уже пьянел с одной рюмки и зябнул в тени. Кондукторское платье он носил с отвращением и стыдился его, но свое место считал выгодным, так как мог красть свечи и продавать их. Мое новое положение возбуждало в нем смешанное чувство удивления, зависти и смутной надежды, что и с ним может случиться что-нибудь подобное. Он провожал Машу восхищенными глазами, спрашивал, что я теперь ем за обедом, и на его тощем, некрасивом лице появлялось грустное и сладкое выражение, и он шевелил пальцами, точно осязал мое счастье.

— Послушай, маленькая польза, — говорил он суетливо, каждую минуту закуривая; там, где он стоял, было всегда насорено, так как на одну папиросу он тратил десятки спичек. – Послушай, жизнь у меня теперь подлейшая. Главное, всякий прапорщик может кричать: «Ты кондуктор! ты!» Понаслушался я, брат, в вагонах всякой всячины и, знаешь, понял: скверная жизнь! Погубила меня мать! Мне в вагоне один доктор сказал: если родители развратные, то дети у них выходят пьяницы или преступники. Вот оно что!

Раз он пришел во двор, шатаясь. Глаза у него бессмысленно блуждали, дыхание было тяжелое; он смеялся, плакал и говорил что-то, как в горячечном бреду, и в его спутанной речи были понятны для меня только слова: «Моя мать! Где моя мать?», которые произносил он с плачем, как ребенок, потерявший в толпе свою мать. Я увел его к себе в сад и уложил там под деревом, и потом весь день и всю ночь я и Маша по очереди сидели возле него. Ему было нехорошо, а Маша с омерзением глядела в его бледное, мокрое лицо и говорила:

– Неужели эти гады проживут в нашем дворе еще полтора года? Это ужасно! Это ужасно!

А сколько огорчений причиняли нам крестьяне! Сколько тяжелых разочарований на первых же порах, в весенние месяцы, когда так хотелось быть счастливым! Моя жена строила школу. Я начертил план школы на шестьдесят мальчиков, и земская управа одобрила его, но посоветовала строить школу в Куриловке, в большом селе, которое было всего в трех верстах от нас; кстати же, куриловская школа, в которой учились дети из четырех деревень, в том числе из нашей Дубечни, была стара и тесна, и по гнилому полу уже ходили с опаской. В конце марта Машу, по ее желанию, назначили попечительницей куриловской школы, а в начале апреля мы три раза собирали сход и убеждали крестьян, что их школа тесна и стара и что необходимо строить новую. Приезжали член земской управы и инспектор народных училищ и тоже убеждали. После каждого схода нас окружали и просили на ведро водки; нам было жарко в толпе, мы скоро утомлялись и возвращались домой недовольные и немного сконфуженные. В конце концов мужики отвели под школу землю и обязались доставить из города на своих лошадях весь строительный материал. И как только управились с яровыми, в первое же воскресенье из Куриловки и Дубечни пошли подводы за кирпичом для фундамента. Выехали чуть свет на заре, а возвратились поздно вечером; мужики были пьяны и говорили, что замучились.

Как нарочно, дожди и холод продолжались весь май. Дорога испортилась, стало грязно. Подводы, возвращаясь из города, заезжали обыкновенно к нам во двор – и какой это был ужас! Вот в воротах показывается лошадь, расставив передние ноги, пузатая; она, прежде чем въехать во двор, кланяется; вползает на роспусках двенадцатиаршинное бревно, мокрое, осклизлое на вид; возле него, запахнувшись от дождя, не глядя под ноги, не обходя луж, шагает мужик с полой, заткнутою за пояс. Показывается другая подвода – с тесом, потом третья – с бревном, четвертая… и место перед домом мало-помалу запруживается лошадьми, бревнами, досками. Мужики и бабы с окутанными головами и с подтыканными платьями, озлобленно глядя на наши окна, шумят, требуют, чтобы к ним вышла барыня; слышны грубые ругательства. А в стороне стоит Моисей, и нам кажется, что он наслаждается нашим позором.

– Не станем больше возить! – кричат мужики. – Замучились! Пошла бы сама и возила!

Маша, бледная, оторопев, думая, что сейчас к ней ворвутся в дом, высылает на полведра; после этого шум стихает, и длинные бревна одно за другим ползут обратно со двора.

Когда я собирался на постройку, жена волновалась и говорила:

– Мужики злятся. Как бы они тебе не сделали чего-нибудь. Нет, погоди, и я с тобой поеду.

Мы уезжали в Куриловку вместе, и там плотники просили у нас на чай. Сруб уже был готов, пора уже было класть фундамент, но не приходили каменщики; происходила задержка, и плотники роптали. А когда наконец пришли каменщики, то оказалось, что нет песку: как-то упустили из виду, что он нужен. Пользуясь нашим безвыходным положением, мужики запросили по тридцати копеек за воз, хотя от постройки до реки, где брали песок, не было и четверти версты, а всех возов понадобилось более пятисот. Конца не было недоразумениям, брани и попрошайству, жена возмущалась, а подрядчик-каменщик, Тит Петров, семидесятилетний старик, брал ее за руку и говорил:

— Гляди ты сюда! Гляди ты сюда! Привези ты мне только песку, пригоню тебе сразу десять человек, и в два дня будет готово. Гляди ты сюда!

Но привезли песок, прошло и два, и четыре дня, и неделя, а на месте будущего фундамента все еще зияла канава.

— Этак с ума сойдешь! — волновалась жена. — Что за народ! Что за народ!

Во время этих неурядиц к нам приезжал инженер Виктор Иваныч. Он привозил с собою кульки с винами и закусками, долго ел и потом ложился спать на террасе и храпел так, что работники покачивали головами и говорили:

— Одначе!

Маша бывала не рада его приезду, не верила ему и в то же время советовалась с ним; когда он, выспавшись после обеда и вставши не в духе, дурно отзывался о нашем хозяйстве или выражал сожаление, что купил Дубечню, которая принесла ему уже столько убытков, то на лице у бедной Маши выражалась тоска; она жаловалась ему, он зевал и говорил, что мужиков надо драть.

Нашу женитьбу и нашу жизнь он называл комедией, говорил, что это каприз, баловство.

— С нею уже бывало нечто подобное, — рассказывал он

мне про Машу. – Она раз вообразила себя оперною певицей и ушла от меня; я искал ее два месяца и, любезнейший, на одни телеграммы истратил тысячу рублей.

Он уже не называл меня ни сектантом, ни господином маляром и не относился с одобрением к моей рабочей жизни, как раньше, а говорил:

– Вы – странный человек! Вы – ненормальный человек! Не смею предсказывать, но вы дурно кончите-с!

А Маша плохо спала по ночам и все думала о чем-то, сидя у окна нашей спальни. Не было уже смеха за ужином, ни милых гримас. Я страдал, и когда шел дождь, то каждая капля его врезывалась в мое сердце, как дробь, и я готов был пасть перед Машей на колени и извиняться за погоду. Когда во дворе шумели мужики, то я тоже чувствовал себя виноватым. По целым часам я просиживал на одном месте, думая только о том, какой великолепный человек Маша, какой это чудесный человек. Я страстно любил ее, и меня восхищало все, что она делала, все, что говорила. У нее была склонность к тихим кабинетным занятиям, она любила читать подолгу, изучать что-нибудь; она, знавшая хозяйство только по книгам, удивляла всех нас своими познаниями, и советы, какие она давала, все пригодились, и ни один из них не пропал в хозяйстве даром. И при всем том сколько благородства, вкуса и благодушия, того самого благодушия, какое бывает только у прекрасно воспитанных людей!

Для этой женщины со здоровым, положительным умом беспорядочная обстановка с мелкими заботами и дрязгами, в которой мы теперь жили, была мучительна; я это видел и сам не мог спать по ночам, голова моя работала, и слезы подступали к горлу. Я метался, не зная, что делать.

Я скакал в город и привозил Маше книги, газеты, конфекты, цветы, я вместе со Степаном ловил рыбу, по целым часам бродя по шею в холодной воде под дождем, чтобы поймать налима и разнообразить наш стол; я униженно просил мужиков не шуметь, поил их водкой, подкупал, давал им разные обещания. И сколько я еще делал глупостей!

Дожди наконец перестали, земля высохла. Встанешь утром, часа в четыре, выйдешь в сад – роса блестит на цветах, шумят птицы и насекомые, на небе ни одного облачка; и сад, и луг, и река так прекрасны, но воспоминания о мужиках, о подводах, об инженере! Я и Маша вместе уезжали на беговых дрожках в поле взглянуть на овес. Она правила, я сидел сзади; плечи у нее были приподняты, и ветер играл ее волосами.

– Права держи! – кричала она встречным.

– Ты похожа на ямщика, – сказал я ей как-то.

– А может быть! Ведь мой дед, отец инженера, был ямщик. Ты не знал этого? – спросила она, обернувшись ко мне, и тотчас же представила, как кричат и как поют ямщики.

«И слава богу! – думал я, слушая ее. – Слава богу!»

И опять воспоминания о мужиках, о подводах, об инженере…

XIII

Приехал на велосипеде доктор Благово. Стала часто бывать сестра. Опять разговоры о физическом труде, о прогрессе, о таинственном иксе, ожидающем человечество в отдаленном будущем. Доктор не любил нашего хозяйства, потому что оно мешало нам спорить, и говорил, что пахать, косить, пасти телят недостойно свободного человека и что все эти грубые виды борьбы за существование люди со временем возложат на животных и на машины, а сами будут заниматься исключительно научными исследованиями. А сестра все просила отпустить ее пораньше домой, и если оставалась до позднего вечера или ночевать, то волнениям не было конца.

– Боже мой, какой вы еще ребенок! – говорила с упреком Маша. – Это даже смешно наконец.

– Да, смешно, – соглашалась сестра, – я сознаю, что это

смешно; но что делать, если я не в силах побороть себя? Мне все кажется, что я поступаю дурно.

Во время сенокоса у меня с непривычки болело все тело; сидя вечером на террасе со своими и разговаривая, я вдруг засыпал, и надо мною громко смеялись. Меня будили и усаживали за стол ужинать, меня одолевала дремота, и я, как в забытьи, видел огни, лица, тарелки, слышал голоса и не понимал их. А вставши рано утром, тотчас же брался за косу или уходил на постройку и работал весь день.

Оставаясь в праздники дома, я замечал, что жена и сестра скрывают от меня что-то и даже как будто избегают меня. Жена была нежна со мною по-прежнему, но были у нее какие-то свои мысли, которых она не сообщала мне. Было несомненно, что раздражение ее против крестьян росло, жизнь для нее становилась все тяжелее, а между тем она уже не жаловалась мне. С доктором теперь она говорила охотнее, чем со мною, и я не понимал, отчего это так.

В нашей губернии был обычай: во время сенокоса и уборки хлеба по вечерам на барский двор приходили рабочие и их угощали водкой, даже молодые девушки выпивали по стакану. Мы не держались этого; косари и бабы стояли у нас на дворе до позднего вечера, ожидая водки, и потом уходили с бранью. А Маша в это время сурово хмурилась и молчала или же говорила доктору с раздражением, вполголоса:

– Дикари! Печенеги!

В деревне новичков встречают неприветливо, почти враждебно, как в школе. Так встретили и нас. В первое время на нас смотрели как на людей глупых и простоватых, которые купили себе имение только потому, что некуда девать денег. Над нами смеялись. В нашем лесу и даже в саду мужики пасли свой скот, угоняли к себе в деревню наших коров и лошадей и потом приходили требовать за потраву. Приходили целыми обществами к нам во двор и шумно заявляли, будто мы, когда косили, захватили край какой-нибудь не принадлежащей нам Бышеевки или Семенихи; а так как мы еще не знали точно границ нашей земли, то верили на слово и платили штраф; потом же оказывалось, что косили мы правильно. В нашем лесу драли липки. Один дубеченский мужик, кулак, торговавший водкой без патента, подкупал наших работников и вместе с ними обманывал нас самым предательским образом: новые колеса на телегах заменял старыми, брал наши пахотные хомуты и продавал их нам же и т. п. Но обиднее всего было то, что происходило в Куриловке на постройке; там бабы по ночам крали тёс, кирпич, изразцы, железо; староста с понятыми делал у них обыск, сход штрафовал каждую на два рубля, и потом эти штрафные деньги пропивались всем миром.

Когда Маша узнавала об этом, то с негодованием говорила доктору или моей сестре:

– Какие животные! Это ужас! ужас!

И я слышал не раз, как она выражала сожаление, что затеяла строить школу.

– Поймите, – убеждал ее доктор, – поймите, что если вы строите эту школу и вообще делаете добро, то не для мужиков, а во имя культуры, во имя будущего. И чем эти мужики хуже, тем больше поводов строить школу. Поймите!

В голосе его, однако, слышалась неуверенность, и мне казалось, что он вместе с Машей ненавидел мужиков.

Маша часто уходила на мельницу и брала с собою сестру, и обе, смеясь, говорили, что они идут посмотреть на Степана, какой он красивый. Степан, как оказалось, был медлителен и неразговорчив только с мужчинами, в женском же обществе держал себя развязно и говорил без умолку. Раз, придя на реку купаться, я невольно подслушал разговор. Маша и Клеопатра, обе в белых платьях, сидели на берегу под ивой, в широкой тени, а Степан стоял возле, заложив руки назад, и говорил:

– Нешто мужики – люди? Не люди, а, извините, зверье,

шарлатаны. Какая у мужика жизнь? Только есть да пить, харчи бы подешевле, да в трактире горло драть без ума; и ни тебе разговоров хороших, ни обращения, ни формальности, а так – невежа! И сам в грязи, и жена в грязи, и дети в грязи, в чем был, в том и лег, картошку из щей тащит прямо пальцами, квас пьет с тараканом, – хоть бы подул!

– Бедность ведь! – вступилась сестра.

– Какая бедность! Оно точно, нужда, да ведь нужда нужде рознь, сударыня. Вот ежели человек в остроге сидит, или, скажем, слепой, или без ног, то это, действительно, не дай бог никому, а ежели он на воле, при своем уме, глаза и руки у него есть, сила есть, бог есть, то чего ему еще? Баловство, сударыня, невежество, а не бедность. Ежели вот вы, положим, хорошие господа, по образованию вашему, из милости пожелаете оказать ему способие, то он ваши деньги пропьет по своей подлости или, того хуже, сам откроет питейное заведение и на ваши деньги начнет народ грабить. Вы изволите говорить – бедность. А разве богатый мужик живет лучше? Тоже, извините, как свинья. Грубиян, горлан, дубина, идет поперек себя толще, морда пухлая, красная – так бы, кажется, размахнулся и ляпнул его, подлеца. Вот Ларион дубеченский тоже богатый, а небось лубки в вашем лесу дерет не хуже бедного; и сам ругатель, и дети ругатели, а как выпьет лишнее, чкнется носом в лужу и спит. Все они, сударыня, нестоящие. Поживешь с ними в деревне, так словно в аду. Навязла она у меня в зубах, деревня-то эта, и благодарю господа, царя небесного, и сыт я, и одет, отслужил в драгунах свой срок, отходил старостой три года, и вольный я казак теперь: где хочу, там и живу. В деревне жить не желаю, и никто не имеет права меня заставить. Говорят, жена. Ты, говорят, обязан в избе с женой жить. А почему такое? Я к ней не нанимался.

– Скажите, Степан, вы женились по любви? – спросила Маша.

– Какая у нас в деревне любовь? – ответил Степан и

усмехнулся. – Собственно, сударыня, ежели вам угодно знать, я женат во второй раз. Я сам не куриловский, а из Залегоща, а в Куриловку меня потом в зятья взяли. Значит, родитель не пожелал делить нас промежду себе – нас всех пять братьев, я поклонился и был таков, пошел в чужую деревню, в зятья. А первая моя жена померла в молодых летах.

– Отчего?

– От глупости. Плачет, бывало, все плачет и плачет без толку, да так и зачахла. Какие-то все травки пила, чтобы покрасиветь, да, должно, повредила внутренность. А вторая моя жена, куриловская – что в ней? Деревенская баба, мужичка, и больше ничего. Когда ее за меня сватали, мне поманилось: думаю, молодая, белая из себя, чисто живут. Мать у ней словно бы хлыстовка и кофей пьет, а главное, значит, чисто живут. Стало быть, женился, а на другой день сели обедать, приказал я еще ложку подать, а она подает ложку и, гляжу, пальцем ее вытерла. Вот тебе на, думаю, хороша у вас чистота. Пожил с ними год и ушел. Мне, может, на городской бы жениться, – продолжал он, помолчав. – Говорят, жена мужу помощница. Для чего мне помощница, я и сам себе помогу, а ты лучше со мной поговори, да не так, чтоб все те-те-те-те, а обстоятельно, чувствительно. Без хорошего разговора – что за жизнь!

Степан вдруг замолчал, и тотчас же послышалось его скучное, монотонное «у-лю-лю-лю». Это значило, что он увидел меня.

Маша бывала часто на мельнице и в беседах со Степаном, очевидно, находила удовольствие; Степан так искренно и убежденно бранил мужиков – и ее тянуло к нему. Когда она возвращалась с мельницы, то всякий раз мужик-дурачок, который стерег сад, кричал на нее:

– Девка Палашка! Здорово, девка Палашка! – И лаял на нее по-собачьи: – Гав! гав!

А она останавливалась и смотрела на него со вниманием, точно в лае этого дурачка находила ответ на свои мысли, и,

73

вероятно, он притягивал ее так же, как брань Степана. А дома ожидало ее какое-нибудь известие, вроде того, например, что деревенские гуси потолкли у нас на огороде капусту или что Ларион вожжи украл, и она говорила, пожав плечами, с усмешкой:

– Что же вы хотите от этих людей!

Она негодовала, на душе у нее собиралась накипь, а я между тем привыкал к мужикам, и меня все больше тянуло к ним. В большинстве это были нервные, раздраженные, оскорбленные люди; это были люди с подавленным воображением, невежественные, с бедным, тусклым кругозором, всё с одними и теми же мыслями о серой земле, о серых днях, о черном хлебе, люди, которые хитрили, но, как птицы, прятали за дерево только одну голову, – которые не умели считать. Они не шли к вам на сенокос за двадцать рублей, но шли за полведра водки, хотя за двадцать рублей могли бы купить четыре ведра. В самом деле, были и грязь, и пьянство, и глупость, и обманы, но при всем том, однако, чувствовалось, что жизнь мужицкая, в общем, держится на каком-то крепком, здоровом стержне. Каким бы неуклюжим зверем ни казался мужик, идя за своею сохой, и как бы он ни дурманил себя водкой, все же, приглядываясь к нему поближе, чувствуешь, что в нем есть то нужное и очень важное, чего нет, например, в Маше и в докторе, а именно, он верит, что главное на земле – правда и что спасение его и всего народа в одной лишь правде, и потому больше всего на свете он любит справедливость. Я говорил жене, что она видит пятна на стекле, но не видит самого стекла; в ответ она молчала или напевала, как Степан: «у-лю-лю-лю»… Когда эта добрая, умная женщина бледнела от негодования и с дрожью в голосе говорила с доктором о пьянстве и обманах, то меня приводила в недоумение и поражала ее забывчивость. Как могла она забыть, что ее отец, инженер, тоже пил, много пил, и что деньги, на которые была куплена Дубечня, были

74

приобретены путем целого ряда наглых, бессовестных обманов? Как могла она забыть?

XIV

И сестра тоже жила своею особою жизнью, которую тщательно скрывала от меня. Она часто шепталась с Машей. Когда я подходил к ней, она вся сжималась, и взгляд ее становился виноватым, умоляющим; очевидно, в ее душе происходило что-то такое, чего она боялась или стыдилась. Чтобы как-нибудь не встретиться в саду или не остаться со мною вдвоем, она все время держалась около Маши, и мне приходилось говорить с нею редко, только за обедом.

Как-то вечером я тихо шел садом, возвращаясь с постройки. Уже начинало темнеть. Не замечая меня, не слыша моих шагов, сестра ходила около старой, широкой яблони, совершенно бесшумно, точно привидение. Она была в черном и ходила быстро, все по одной линии, взад и вперед, глядя в землю. Упало с дерева яблоко, она вздрогнула от шума, остановилась и прижала руки к вискам. В это самое время я подошел к ней.

В порыве нежной любви, которая вдруг прилила к моему сердцу, со слезами, вспоминая почему-то нашу мать, наше детство, я обнял ее за плечи и поцеловал.

— Что с тобою? — спросил я. — Ты страдаешь, я давно это вижу. Скажи, что с тобою?

— Мне страшно… — проговорила она, дрожа.

— Что же с тобой? — допытывался я. — Ради бога, будь откровенна!

— Я буду, буду откровенна, я скажу тебе всю правду. Скрывать от тебя — это так тяжело, так мучительно! Мисаил, я люблю… — продолжала она шепотом. — Я люблю, я люблю… Я счастлива, но почему мне так страшно!

Послышались шаги, показался между деревьями доктор Благово в шелковой рубахе, в высоких сапогах. Очевидно, здесь, около яблони, у них было назначено свидание. Увидев его, она бросилась к нему порывисто, с болезненным криком, точно его отнимали у нее:

– Владимир! Владимир!

Она прижималась к нему и с жадностью глядела ему в лицо, и только теперь я заметил, как похудела и побледнела она в последнее время. Особенно это было заметно по ее кружевному воротничку, который я давно знал и который теперь свободнее, чем когда-либо, облегал ее шею, тонкую и длинную. Доктор смутился, но тотчас же оправился и сказал, приглаживая ее волосы:

– Ну, полно, полно… Зачем так нервничать? Видишь, я приехал.

Мы молчали, застенчиво поглядывая друг на друга. Потом мы шли втроем, и я слышал, как доктор говорил мне:

– Культурная жизнь у нас еще не начиналась. Старики утешают себя, что если теперь нет ничего, то было что-то в сороковых или шестидесятых годах, это – старики, мы же с вами молоды, наших мозгов еще не тронул marasmus senilis (Старческое бессилие (лат.), мы не можем утешать себя такими иллюзиями. Начало Руси было в восемьсот шестьдесят втором году, а начала культурной Руси, я так понимаю, еще не было.

Но я не вникал в эти соображения. Как-то было странно, не хотелось верить, что сестра влюблена, что она вот идет и держит за руку чужого и нежно смотрит на него. Моя сестра, это нервное, запуганное, забитое, не свободное существо, любит человека, который уже женат и имеет детей! Чего-то мне стало жаль, а чего именно – не знаю; присутствие доктора почему-то было уже неприятно, и я никак не мог понять, что может выйти из этой их любви.

XV

Я и Маша ехали в Куриловку на освящение школы.

– Осень, осень, осень… – тихо говорила Маша, глядя по сторонам. – Прошло лето. Птиц нет, и зелены одни только вербы.

Да, уже прошло лето. Стоят ясные, теплые дни, но по утрам свежо, пастухи выходят уже в тулупах, а в нашем саду на астрах роса не высыхает в течение всего дня. Все слышатся жалобные звуки, и не разберешь, ставня ли это ноет на своих ржавых петлях, или летят журавли – и становится хорошо на душе и так хочется жить!

– Прошло лето… – говорила Маша. – Теперь мы с тобой можем подвести итоги. Мы много работали, много думали, мы стали лучше от этого, – честь нам и слава, – мы преуспели в личном совершенстве; но эти наши успехи имели ли заметное влияние на окружающую жизнь, принесли ли пользу хотя кому-нибудь? Нет. Невежество, физическая грязь, пьянство, поразительно высокая детская смертность – все осталось, как и было, и оттого, что ты пахал и сеял, а я тратила деньги и читала книжки, никому не стало лучше. Очевидно, мы работали только для себя и широко мыслили только для себя.

Подобные рассуждения сбивали меня, и я не знал, что думать.

– Мы от начала до конца были искренни, – сказал я, – а кто искренен, тот и прав.

– Кто спорит? Мы были правы, но мы неправильно осуществляли то, в чем мы правы. Прежде всего, самые наши внешние приемы – разве они не ошибочны? Ты хочешь быть полезен людям, но уж одним тем, что ты покупаешь имение, ты с самого начала преграждаешь себе всякую возможность сделать для них что-нибудь полезное. Затем, если ты работаешь, одеваешься и ешь, как мужик, то ты своим авторитетом как бы узаконяешь эту их тяжелую, неуклюжую одежду, ужасные избы, эти их глупые бороды… С другой стороны, допустим, что ты работаешь долго, очень долго, всю жизнь, что в конце концов получаются кое-какие практические результаты, но что они, эти твои результаты, что они могут против таких стихийных сил, как гуртовое невежество, голод, холод, вырождение? Капля в море! Тут нужны другие способы борьбы, сильные, смелые, скорые! Если в самом деле хочешь быть полезен, то выходи из тесного круга обычной деятельности и старайся действовать сразу на массу! Нужна прежде всего шумная, энергичная проповедь. Почему искусство, например, музыка, так живуче, так популярно и так сильно на самом деле? А потому, что музыкант или певец действует сразу на тысячи. Милое, милое искусство! – продолжала она, мечтательно глядя на небо. – Искусство дает крылья и уносит далеко-далеко! Кому надоела грязь, мелкие грошовые интересы, кто возмущен, оскорблен и негодует, тот может найти покой и удовлетворение только в прекрасном.

Когда мы подъезжали к Куриловке, погода была ясная, радостная. Кое-где во дворах молотили, пахло ржаною соломой. За плетнями ярко краснела рябина, и деревья кругом, куда ни взглянешь, были все золотые или красные. На колокольне звонили, несли к школе образа, и было слышно, как пели: «Заступница усердная». А какой прозрачный воздух, как высоко летали голуби!

Служили в классной молебен. Потом куриловские крестьяне поднесли Маше икону, а дубеченские – большой крендель и позолоченную солонку. И Маша разрыдалась.

– А ежели что было сказано лишнее или какие неудовольствия, то простите, – сказал один старик и поклонился ей и мне.

Кода мы ехали домой, Маша оглядывалась на школу; зеленая крыша, выкрашенная мною и теперь блестевшая на солнце, долго была видна нам. И я чувствовал, что взгляды, которые бросала теперь Маша, были прощальные.

XVI

Вечером она собралась в город.

В последнее время она часто уезжала в город и там ночевала. В ее отсутствие я не мог работать, руки у меня опускались и слабели; наш большой двор казался скучным, отвратительным пустырем, сад шумел сердито, и без нее дом, деревья, лошади для меня уже не были «наши».

Я никуда не выходил из дому, а все сидел за ее столом, около ее шкапа с сельскохозяйственными книгами, этими бывшими фаворитами, теперь уже ненужными, смотревшими на меня так сконфуженно. По целым часам, пока било семь, восемь, девять, пока за окнами наступала осенняя ночь, черная, как сажа, я осматривал ее старую перчатку, или перо, которым она всегда писала, или ее маленькие ножницы; я ничего не делал и ясно сознавал, что если раньше делал что-нибудь, если пахал, косил, рубил, то потому только, что этого хотела она. И если бы она послала меня чистить глубокий колодец, где бы я стоял по пояс в воде, то я полез бы и в колодец, не разбирая, нужно это или нет. А теперь, когда ее не было возле, Дубечня с ее развалинами, неубранством, с хлопающими ставнями, с ворами, ночными и дневными, представлялась мне уже хаосом, в котором всякая работа была бы бесполезна. Да и для чего мне было тут работать, для чего заботы и мысли о будущем, если я чувствовал, что из-под меня уходит почва, что роль моя здесь, в Дубечне, уже сыграна, что меня, одним словом, ожидает та же участь, которая постигла книги по сельскому хозяйству? О, какая это была тоска ночью, в часы одиночества, когда я каждую минуту прислушивался с тревогой, точно ждал, что вот-вот кто-нибудь крикнет, что мне пора уходить. Мне не было жаль Дубечни, мне было жаль своей любви, для которой, очевидно, тоже наступила уже своя осень. Какое это огромное счастье любить и быть любимым и какой ужас чувствовать, что начинаешь сваливаться с этой высокой башни!

Маша вернулась из города на другой день к вечеру. Она была недовольна чем-то, но скрывала это и только сказала, зачем это вставлены все зимние рамы, – этак задохнуться можно. Я выставил две рамы. Нам есть не хотелось, но мы сели и поужинали.

– Поди вымой руки, – сказала жена. – От тебя пахнет замазкой.

Она привезла из города новые иллюстрированные журналы, и мы вместе рассматривали их после ужина. Попадались приложения с модными картинками и выкройками. Маша оглядывала их мельком и откладывала в сторону, чтобы потом рассмотреть особо, как следует; но одно платье с широкою, как колокол, гладкой юбкой и с большими рукавами заинтересовало ее, и она минуту смотрела на него серьезно и внимательно.

– Это недурно, – сказала она.

– Да, это платье тебе очень пойдет, – сказал я. – Очень!

И, глядя с умилением на платье, любуясь этим серым пятном только потому, что оно ей понравилось, я продолжал нежно:

– Чудное, прелестное платье! Прекрасная, великолепная Маша! Дорогая моя Маша!

И слезы закапали на картинку.

– Великолепная Маша… – бормотал я. – Милая, дорогая Маша…

Она пошла и легла, а я еще с час сидел и рассматривал иллюстрации.

– Напрасно ты выставил рамы, – сказала она из спальни. – Боюсь, как бы не было холодно. Ишь ведь, как задувает!

Я прочел кое-что из «смеси» – о приготовлении дешевых чернил и о самом большом брильянте на свете. Мне опять попалась модная картинка с платьем, которое ей понравилось, и я вообразил себе ее на балу с веером, с голыми плечами, блестящую, роскошную, знающую толк и в музыке, и в

80

живописи, и в литературе, и какою маленькою, короткою показалась мне моя роль!

Наша встреча, это наше супружество были лишь эпизодом, каких будет еще немало в жизни этой живой, богато одаренной женщины. Все лучшее в мире, как я уже сказал, было к ее услугам и получалось ею совершенно даром, и даже идеи и модное умственное движение служили ей для наслаждения, разнообразя ей жизнь, и я был лишь извозчиком, который довез ее от одного увлечения к другому. Теперь уж я не нужен ей, она выпорхнет, и я останусь один.

И как бы в ответ на мои мысли на дворе раздался отчаянный крик:

— Ка-ра-у-л!

Это был тонкий бабий голос, и, точно желая передразнить его, в трубе загудел ветер тоже тонким голосом. Прошло с полминуты, и опять послышалось сквозь шум ветра, но уже как будто с другого конца двора:

— Ка-ра-у-л!

— Мисаил, ты слышишь? — спросила тихо жена. — Ты слышишь?

Она вышла ко мне из спальни в одной сорочке, с распущенными волосами, и прислушалась, глядя на темное окно.

— Кого-то душат! — проговорила она. — Этого еще недоставало.

Я взял ружье и вышел. На дворе было очень темно, дул сильный ветер, так что трудно было стоять. Я прошелся к воротам, прислушался: шумят деревья, свистит ветер, и в саду, должно быть у мужика-дурачка, лениво подвывает собака. За воротами тьма кромешная, на линии ни одного огонька. И около того флигеля, где в прошлом году была контора, вдруг раздался придушенный крик:

— Ка-ра-у-л!

— Кто там? — окликнул я.

Боролись два человека. Один выталкивал, а другой упирался, и оба тяжело дышали.

— Пусти! — говорил один, и я узнал Ивана Чепракова; он-то и кричал тонким бабьим голосом. — Пусти, проклятый, а то я тебе все руки искусаю!

В другом я узнал Моисея. Я рознял их и при этом не удержался и ударил Моисея по лицу два раза. Он упал, потом поднялся, и я ударил его еще раз.

— Они хотели меня убить, — бормотал он. — К мамашиному комоду подбирались... Их я желаю запереть во флигеле для безопасности-с.

А Чепраков был пьян, не узнавал меня и все глубоко вздыхал, как бы набирая воздуху, чтобы опять крикнуть «караул».

Я оставил их и вернулся в дом; жена лежала в постели, уже одетая. Я рассказал ей о том, что происходило на дворе, и не скрыл даже, что бил Моисея.

— Страшно жить в деревне, — проговорила она. — И какая это длинная ночь, бог с ней.

— Ка-ра-у-л! — послышалось опять немного погодя.

— Я пойду уйму их, — сказал я.

— Нет, пусть они себе там перегрызут горла, — проговорила она с брезгливым выражением.

Она глядела в потолок и прислушивалась, а я сидел возле, не смея заговорить с нею, с таким чувством, как будто я был виноват, что на дворе кричали «караул» и что ночь была такая длинная.

Мы молчали, и я с нетерпением ждал, когда в окнах забрезжит свет. А Маша все время глядела так, будто очнулась от забытья и теперь удивлялась, как это она, такая умная, воспитанная, такая опрятная, могла попасть в этот жалкий провинциальный пустырь, в шайку мелких, ничтожных людей и как это она могла забыться до такой степени, что даже увлеклась одним из этих людей и больше полугода была его женой. Мне казалось, что для нее было уже все равно, что я, что Моисей, что Чепраков; все для нее слилось в этом пьяном, диком «караул» – и я, и наш брак, и наше хозяйство, и осенняя распутица; и когда она вздыхала или двигалась, чтобы лечь поудобнее, то я читал на ее лице: «О, поскорее бы утро!»

Утром она уехала.

Я прожил в Дубечне еще три дня, поджидая ее, потом сложил все наши вещи в одну комнату, запер и пошел в город. Когда я позвонился к инженеру, то был уже вечер, и на нашей Большой Дворянской горели фонари. Павел сказал мне, что никого нет дома: Виктор Иваныч уехал в Петербург, а Мария Викторовна, должно быть, у Ажогиных на репетиции. Помню, с каким волнением я шел потом к Ажогиным, как стучало и замирало мое сердце, когда я поднимался по лестнице и долго стоял вверху на площадке, не смея войти в этот храм муз! В зале на столике, на рояле, на сцене горели свечи, везде по три, и первый спектакль был назначен на тринадцатое число, и теперь первая репетиция была в понедельник – тяжелый день. Борьба с предрассудками! Все любители сценического искусства были уже в сборе; старшая, средняя и младшая ходили по сцене, читая свои роли по тетрадкам. В стороне ото всех неподвижно стоял Редька, прислонившись виском к стене, и с обожанием смотрел на сцену, ожидая начала репетиции. Все как было!

Я направился к хозяйке, – надо было поздороваться, но вдруг все зашикали, замахали мне, чтобы я не стучал ногами. Стало тихо. Подняли крышку у рояля, села какая-то дама, щуря свои близорукие глаза на ноты, и к роялю подошла моя Маша, разодетая, красивая, но красивая как-то особенно, по-новому, совсем не похожая на ту Машу, которая весной приходила ко мне на мельницу; она запела:

Отчего я люблю тебя, светлая ночь?

За все время нашего знакомства это в первый раз я

слышал, как она пела. У нее был хороший, сочный, сильный голос, и, пока она пела, мне казалось, что я ем спелую, сладкую, душистую дыню. Вот она кончила, ей аплодировали, и она улыбалась очень довольная, играя глазами, перелистывая ноты, поправляя на себе платье, точно птица, которая вырвалась наконец из клетки и на свободе оправляет свои крылья. Волосы у нее были зачесаны на уши, и на лице было нехорошее, задорное выражение, точно она хотела сделать всем нам вызов или крикнуть на нас, как на лошадей: «Эй, вы, милые!»

И, должно быть, в это время она была очень похожа на своего деда-ямщика.

– И ты здесь? – спросила она, подавая мне руку. – Ты слышал, как я пела? Ну, как ты находишь? – И, не дожидаясь моего ответа, она продолжала: – Очень кстати, что ты здесь. Сегодня ночью я уезжаю ненадолго в Петербург. Ты меня отпустишь?

В полночь я провожал ее на вокзал. Она нежно обняла меня, вероятно, в благодарность за то, что я не задавал ненужных вопросов, и обещала писать мне, а я долго сжимал ее руки и целовал их, едва сдерживая слезы, не говоря ей ни слова.

А когда она уехала, я стоял, смотрел на удалявшиеся огни, ласкал ее в своем воображении и тихо говорил:

– Милая моя Маша, великолепная Маша…

Ночевал я в Макарихе у Карповны, а утром уже вместе с Редькой обивал мебель у одного богатого купца, выдававшего свою дочь за доктора.

XVII

В воскресенье после обеда приходила ко мне сестра и пила со мною чай.

– Теперь я очень много читаю, – говорила она, показывая мне книги, которые она, идя ко мне, взяла из городской библиотеки. – Спасибо твоей жене и Владимиру, они возбудили во мне самосознание. Они спасли меня, сделали то, что я теперь чувствую себя человеком. Прежде, бывало, я не спала по ночам от разных забот: «Ах, за неделю у нас сошло много сахару! ах, как бы не пересолить огурцы!» И теперь я тоже не сплю, но у меня уже другие мысли. Я мучаюсь, что так глупо, малодушно прошла у меня половина жизни. Свое прошлое я презираю, стыжусь его, а на отца я смотрю теперь как на своего врага. О, как я благодарна твоей жене! А Владимир? Это такой чудный человек! Они открыли мне глаза.

– Это нехорошо, что ты не спишь по ночам, – сказал я.

– Ты думаешь, я больна? Нисколько. Владимир выслушал меня и говорил, что я совершенно здорова. Но дело не в здоровье, оно не так важно… Ты мне скажи: я права?

Она нуждалась в нравственной поддержке – это было очевидно. Маша уехала, доктор Благово был в Петербурге, и в городе не оставалось никого, кроме меня, кто бы мог сказать ей, что она права. Она пристально вглядывалась мне в лицо, стараясь прочесть мои тайные мысли, и если я при ней задумывался и молчал, то она это принимала на свой счет и становилась печальна. Приходилось все время быть настороже, и когда она спрашивала меня, права ли она, то я спешил ответить ей, что она права и что я глубоко ее уважаю.

– Ты знаешь? Мне у Ажогиных дали роль, – продолжала она. – Хочу играть на сцене. Хочу жить, одним словом, хочу пить из полной чаши. Таланта у меня нет никакого, и роль всего в десять строк, но все же это неизмеримо выше и благороднее, чем разливать чай по пяти раз на день и поглядывать, не съела ли кухарка лишнего куска. А главное, пусть наконец отец увидит, что и я способна на протест.

После чаю она легла на мою постель и полежала некоторое время с закрытыми глазами, очень бледная.

– Какая слабость! – проговорила она, поднимаясь. – Владимир говорил, что все городские женщины и девушки малокровны от безделья. Какой умный человек Владимир! Он прав, бесконечно прав. Надо работать!

Через два дня она пришла к Ажогиным на репетицию, с тетрадкой. Она была в черном платье, с коралловою ниткой на шее, с брошью, похожею издали на слоеный пирожок, и в углах были большие серьги, в которых блестело по брильянту. Когда я взглянул на нее, то мне стало неловко: меня поразила безвкусица. Что она некстати надела серьги и брильянты и была странно одета, заметили и другие; я видел на лицах улыбки и слышал, как кто-то проговорил, смеясь:

– Клеопатра Египетская.

Она старалась быть светскою, непринужденной, покойной и оттого казалась манерною и странной. Простота и миловидность покинули ее.

– Сейчас я объявила отцу, что ухожу на репетицию, – начала она, подходя ко мне, – и он крикнул, что лишает меня благословения, и даже едва не ударил меня. Представь, я не знаю своей роли, – сказала она, заглядывая в тетрадку. – Я непременно собьюсь. Итак, жребий брошен, – продолжала она в сильном волнении. – Жребий брошен…

Ей казалось, что все смотрят на нее и все изумлены тем важным шагом, на который она решилась, что все ждут от нее чего-то особенного, и убедить ее, что на таких маленьких и неинтересных людей, как я и она, никто не обращает внимания, было невозможно.

До третьего акта ей нечего было делать, и ее роль гостьи, провинциальной кумушки, заключалась лишь в том, что она должна была постоять у двери, как бы подслушивая, и потом сказать короткий монолог. До своего выхода, по крайней мере часа полтора, пока на сцене ходили, читали, пили чай, спорили, она не отходила от меня и все время бормотала свою роль и нервно мяла тетрадку; и, воображая, что все смотрят на нее и ждут ее выхода, она дрожащею рукой поправляла волосы и говорила мне:

— Я непременно собьюсь... Как тяжело у меня на душе, если б ты знал! У меня такой страх, будто меня поведут сейчас на смертную казнь.

Наконец настала ее очередь.

— Клеопатра Алексеевна, — вам! — сказал режиссер.

Она вышла на середину сцены с выражением ужаса на лице, некрасивая, угловатая, и с полминуты простояла, как в столбняке, совершенно неподвижно, и только одни большие сережки качались под ушами.

— В первый раз можно по тетрадке, — сказал кто-то.

Мне было ясно, что она дрожит и от дрожи не может говорить и развернуть тетрадку, и что ей вовсе не до роли, и я уже хотел пойти к ней и сказать ей что-нибудь, как она вдруг опустилась на колени среди сцены и громко зарыдала.

Все двигалось, все шумело вокруг, один я стоял, прислонившись к кулисе, пораженный тем, что произошло, не понимая, не зная, что мне делать. Я видел, как ее подняли и увели. Я видел, как ко мне подошла Анюта Благово; раньше я не видел ее в зале, и теперь она точно из земли выросла. Она была в шляпе, под вуалью, и, как всегда, имела такой вид, будто зашла только на минуту.

— Я говорила ей, чтобы она не играла, — сказала она сердито, отрывисто выговаривая каждое слово и краснея. — Это — безумие! Вы должны были удержать ее!

Быстро подошла Ажогина-мать в короткой кофточке с короткими рукавами, с табачным пеплом на груди, худая и плоская.

— Друг мой, это ужасно, — проговорила она, ломая руки и, по обыкновению, пристально всматриваясь мне в лицо. — Это ужасно! Ваша сестра в положении... она беременна! Уведите ее, прошу вас...

Она тяжело дышала от волнения. А в стороне стояли три

дочери, такие же, как она, худые и плоские, и пугливо жались друг к другу. Они были встревожены, ошеломлены, точно в их доме только что поймали каторжника. Какой позор, как страшно! А ведь это почтенное семейство всю свою жизнь боролось с предрассудками; очевидно, оно полагало, что все предрассудки и заблуждения человечества только в трех свечах, в тринадцатом числе, в тяжелом дне – понедельнике!

– Прошу вас… прошу… – повторяла госпожа Ажогина, складывая губы сердечком на слоге «шу» и выговаривая его как «шю». – Прошю, уведите ее домой.

XVIII

Немного погодя я и сестра шли по лестнице. Я прикрывал ее полой своего пальто; мы торопились, выбирая переулки, где не было фонарей, прячась от встречных, и это было похоже на бегство. Она уже не плакала, а глядела на меня сухими глазами. До Макарихи, куда я вел ее, было ходьбы всего минут двадцать, и, странное дело, за такое короткое время мы успели припомнить всю нашу жизнь, мы обо всем переговорили, обдумали наше положение, сообразили…

Мы решили, что нам уже нельзя больше оставаться в этом городе и что когда я добуду немного денег, то мы переедем куда-нибудь в другое место. В одних домах уже спали, в других играли в карты; мы ненавидели эти дома, боялись их и говорили об изуверстве, сердечной грубости, ничтожестве этих почтенных семейств, этих любителей драматического искусства, которых мы так испугали, и я спрашивал, чем же эти глупые, жестокие, ленивые, нечестные люди лучше пьяных и суеверных куриловских мужиков, или чем лучше они животных, которые тоже приходят в смятение, когда какая-нибудь случайность нарушает однообразие их жизни, ограниченной инстинктами. Что было бы теперь с сестрой, если бы она осталась жить дома? Какие нравственные мучения испытывала бы она, разговаривая с отцом, встречаясь каждый день со знакомыми? Я воображал себе это, и тут же мне приходили на память люди, все знакомые люди, которых медленно сживали со света их близкие и родные, припомнились замученные собаки, сходившие с ума, живые воробьи, ощипанные мальчишками догола и брошенные в воду, — и длинный, длинный ряд глухих медлительных страданий, которые я наблюдал в этом городе непрерывно с самого детства; и мне было непонятно, чем живут эти шестьдесят тысяч жителей, для чего они читают Евангелие, для чего молятся, для чего читают книги и журналы. Какую пользу принесло им все то, что до сих пор писалось и говорилось, если у них все та же душевная темнота и то же отвращение к свободе, что было и сто и триста лет назад? Подрядчик-плотник всю свою жизнь строит в городе дома и все же до самой смерти вместо «галерея» говорит «галдарея», так и эти шестьдесят тысяч жителей поколениями читают и слышат о правде, о милосердии и свободе и все же до самой смерти лгут от утра до вечера, мучают друг друга, а свободы боятся и ненавидят ее, как врага.

— Итак, судьба моя решена, — сказала сестра, когда мы пришли домой. — После того, что случилось, я уже не могу возвратиться туда. Господи, как это хорошо! У меня стало легко на душе.

Она тотчас легла в постель. На ресницах у нее блестели слезы, но выражение было счастливое, спала она крепко и сладко, и видно было, что в самом деле у нее легко на душе и что она отдыхает. Давно-давно уже она не спала так!

И вот мы начали жить вместе. Она все пела и говорила, что ей очень хорошо, и книги, которые мы брали в библиотеке, я уносил обратно нечитаными, так как она уже не могла читать; ей хотелось только мечтать и говорить о будущем. Починяя мое белье или помогая Карповне около печки, она то напевала, то говорила о своем Владимире, об его уме, прекрасных манерах, доброте, об его необыкновенной учености, и я соглашался с нею, хотя уже не любил ее доктора. Ей хотелось работать, жить самостоятельно, на свой счет, и она говорила, что пойдет в учительницы или в фельдшерицы, как только позволит здоровье, и будет сама мыть полы, стирать белье. Она уже страстно любила своего маленького; его еще не было на свете, но она уже знала, какие у него глаза, какие руки и как он смеется. Она любила поговорить о воспитании, а так как лучшим человеком на свете был Владимир, то и все рассуждения ее о воспитании сводились к тому только, чтобы мальчик был так же очарователен, как его отец. Конца не было разговорам, и все, что она говорила, возбуждало в ней живую радость. Иногда радовался и я, сам не зная чему.

Должно быть, она заразила меня своей мечтательностью. Я тоже ничего не читал и только мечтал; по вечерам, несмотря на утомление, я ходил по комнате из угла в угол, заложив руки в карманы, и говорил о Маше.

— Как ты думаешь, — спрашивал я сестру, — когда она вернется? Мне кажется, она вернется к Рождеству, не позже. Что ей там делать?

— Если она тебе не пишет, то, очевидно, вернется очень скоро.

— Это правда, — соглашался я, хотя отлично знал, что Маше уже незачем возвращаться в наш город.

Я сильно соскучился по ней и уже не мог не обманывать себя и старался, чтобы меня обманывали другие. Сестра ожидала своего доктора, а я — Машу, и оба мы непрерывно говорили, смеялись и не замечали, что мешаем спать Карповне, которая лежала у себя на печке и все бормотала:

— Самовар-то гудел поутру, гуде-ел! Ох, не к добру, сердечные, не к добру.

У нас никто не бывал, кроме почтальона, приносившего сестре письма от доктора, да Прокофия, который иногда вечером заходил к нам и, молча поглядев на сестру, уходил и уж у себя в кухне говорил:

— Всякое звание должно свою науку помнить, а кто не желает этого понимать по своей гордости, тому юдоль.

Он любил слово «юдоль». Как-то – это было уже на Святках, – когда я проходил базаром, он зазвал меня к себе в мясную лавку и, не подавая мне руки, заявил, что ему нужно поговорить со мною о каком-то очень важном деле. Он был красен от мороза и от водки; возле него за прилавком стоял Николка с разбойничьим лицом, держа в руке окровавленный нож.

— Я желаю выразить вам мои слова, – начал Прокофий. – Это событие не может существовать, потому что, сами понимаете, за такую юдоль люди не похвалят ни нас, ни вас. Мамаша, конечно, из жалости не может говорить вам неприятности, чтобы ваша сестрица перебралась на другую квартиру по причине своего положения, а я больше не желаю, потому что ихнего поведения не могу одобрить.

Я понял его и вышел из лавки. В тот же день я и сестра перебрались к Редьке. У нас не было денег на извозчика, и мы шли пешком; я нес на спине узел с нашими вещами, у сестры же ничего не было в руках, но она задыхалась, кашляла и все спрашивала, скоро ли мы дойдем.

XIX

Наконец пришло письмо от Маши.

«Милый, хороший М. А., – писала она, – добрый, кроткий „ангел вы наш“, как называет вас старый маляр, прощайте, я уезжаю с отцом в Америку на выставку. Через несколько дней я увижу океан – так далеко от Дубечни, страшно подумать! Это далеко и необъятно, как небо, и мне хочется туда, на волю, я торжествую, я безумствую, и вы видите, как нескладно мое письмо. Милый, добрый, дайте мне свободу, скорее порвите нить, которая еще держится, связывая меня и вас. То, что я встретила и узнала вас, было небесным лучом, озарившим мое существование; но то, что я стала вашею женой, было ошибкой, вы понимаете это, и меня теперь тяготит сознание ошибки, и я на коленях умоляю вас, мой великодушный друг, скорее-скорее, до отъезда моего в океан, телеграфируйте, что вы согласны исправить нашу общую ошибку, снять этот единственный камень с моих крыльев, и мой отец, который примет на себя все хлопоты, обещает мне не слишком отягощать вас формальностями. Итак, вольная на все четыре стороны? Да?

Будьте счастливы, да благословит вас бог, простите меня, грешную.

Жива, здорова. Сорю деньгами, делаю много глупостей и каждую минуту благодарю бога, что у такой дурной женщины, как я, нет детей. Я пою и имею успех, но это не увлечение, нет, это — моя пристань, моя келия, куда я теперь ухожу на покой. У царя Давида было кольцо с надписью: «Все проходит». Когда грустно, то от этих слов становится весело, а когда весело, то становится грустно. И я завела себе такое кольцо с еврейскими буквами, и этот талисман удержит меня от увлечений. Все проходит, пройдет и жизнь, значит, ничего не нужно. Или нужно одно лишь сознание свободы, потому что, когда человек свободен, то ему ничего, ничего, ничего не нужно. Порвите же нитку. Вас и сестру крепко обнимаю. Простите и забудьте вашу М.».

Сестра лежала в одной комнате, Редька, который опять был болен и уже выздоравливал, – в другой. Как раз в то время, когда я получил это письмо, сестра тихо прошла к маляру, села возле и стала читать. Она каждый день читала ему Островского или Гоголя, и он слушал, глядя в одну точку, не смеясь, покачивая головой, и изредка бормотал про себя:

– Все может быть! Все может быть!

Если в пьесе изображалось что-нибудь некрасивое, безобразное, то он говорил как бы с злорадством, тыча в книгу пальцем:

– Вот она, лжа-то! Вот она что делает, лжа-то!

Пьесы привлекали его и содержанием, и моралью, и своею сложною, искусною постройкой, и он удивлялся ему, никогда не называя его по фамилии:

– Как это он ловко все пригнал к месту!

Теперь сестра тихо прочла только одну страницу и не могла больше: не хватало голоса. Редька взял ее за руку и, пошевелив высохшими губами, сказал едва слышно, сиплым голосом:

– Душа у праведного белая и гладкая, как мел, а у грешного как пемза. Душа у праведного – олифа светлая, а у грешного – смола газовая. Трудиться надо, скорбеть надо, болезновать надо, – продолжал он, – а который человек не трудится и не скорбит, тому не будет царства небесного. Горе, горе сытым, горе сильным, горе богатым, горе заимодавцам! Не видать им царствия небесного. Тля ест траву, ржа – железо...

– А лжа – душу, – продолжила сестра и рассмеялась.

Я еще раз прочел письмо. В это время в кухню пришел солдат, приносивший нам раза два в неделю, неизвестно от кого, чай, французские булки и рябчиков, от которых пахло духами. Работы у меня не было, приходилось сидеть дома по целым дням, и, вероятно, тот, кто присылал нам эти булки, знал, что мы нуждаемся.

Я слышал, как сестра разговаривала с солдатом и весело смеялась. Потом она, лежа, ела булку и говорила мне:

– Когда ты не захотел служить и ушел в маляры, я и Анюта Благово с самого начала знали, что ты прав, но нам было страшно высказать это вслух. Скажи, какая это сила мешает сознаваться в том, что думаешь? Взять вот хотя бы

Анюту Благово. Она тебя любит, обожает, она знает, что ты прав; она и меня любит, как сестру, и знает, что я права, и небось в душе завидует мне, но какая-то сила мешает ей прийти к нам, она избегает нас, боится.

Сестра сложила на груди руки и сказала с увлечением:

— Как она тебя любит, если б ты знал! В этой любви она признавалась только мне одной, и то потихоньку, в потемках. Бывало, в саду заведет в темную аллею и начнет шептать, как ты ей дорог. Увидишь, она никогда не пойдет замуж, потому что любит тебя. Тебе жаль ее?

— Да.

— Это она прислала булки. Смешная, право, к чему скрываться? Я тоже была смешной и глупой, а вот ушла оттуда и уже никого не боюсь, думаю и говорю вслух, что хочу, — и стала счастливой. Когда жила дома, и понятия не имела о счастье, а теперь я не поменялась бы с королевой.

Пришел доктор Благово. Он получил докторскую степень и теперь жил в нашем городе, у отца, отдыхал и говорил, что скоро опять уедет в Петербург. Ему хотелось заняться прививками тифа и, кажется, холеры; хотелось поехать за границу, чтобы усовершенствоваться и потом занять кафедру. Он уже оставил военную службу и носил просторные шевиотовые пиджаки, очень широкие брюки и превосходные галстуки. Сестра была в восторге от его булавок, запонок и от красного шелкового платочка, который он, вероятно, из кокетства, держал в переднем кармане пиджака. Однажды, от нечего делать, мы с нею принялись считать на память все его костюмы и решили, что у него их, по крайней мере, штук десять. Было ясно, что он по-прежнему любит мою сестру, но он ни разу даже в шутку не сказал, что возьмет ее с собою в Петербург или за границу, и я не мог себе ясно представить, что будет с нею, если она останется жива, что будет с ее ребенком. А она только без конца мечтала и не думала серьезно о будущем, она говорила, что пусть он едет, куда хочет, и пусть даже бросит ее, лишь бы сам был счастлив, а с нее довольно и того, что было.

Обыкновенно, придя к нам, он выслушивал ее очень внимательно и требовал, чтобы она при нем пила молоко с каплями. И в этот раз было то же самое. Он выслушал ее и заставил выпить стакан молока, и после этого в наших комнатах запахло креозотом.

– Вот умница, – сказал он, принимая от нее стакан. – Тебе нельзя много говорить, а в последнее время ты болтаешь, как сорока. Пожалуйста, молчи.

Она засмеялась. Потом он вышел в комнату Редьки, где я сидел, и ласково похлопал меня по плечу.

– Ну что, старик? – спросил он, наклоняясь к больному.

– Ваше высокоблагородие… – проговорил Редька, тихо пошевелив губами, – ваше высокоблагородие, осмелюсь доложить… все под богом ходим, всем помирать надо… Дозвольте правду сказать… Ваше высокоблагородие, не будет вам царства небесного!

– Что же делать, – пошутил доктор, – надо быть кому-нибудь и в аду.

И вдруг что-то сделалось с моим сознанием; точно мне приснилось, будто зимой, ночью, я стою в бойне на дворе, а рядом со мною Прокофий, от которого пахнет перцовкой; я сделал над собой усилие и протер глаза, и тотчас же мне представилось, будто я иду к губернатору для объяснений. Ничего подобного не было со мной ни раньше, ни потом, и эти странные воспоминания, похожие на сон, я объясняю переутомлением нервов. Я переживал и бойню и объяснение с губернатором и в то же время смутно сознавал, что этого нет на самом деле.

Когда я очнулся, то увидел, что я уже не дома, а на улице, вместе с доктором стою около фонаря.

– Грустно, грустно, – говорил он, и слезы текли у него по щекам. – Она весела, постоянно смеется, надеется, а положение ее безнадежно, голубчик. Ваш Редька ненавидит меня и все хочет дать понять, что я поступил с нею дурно. Он по-своему прав, но у меня тоже своя точка зрения, и я нисколько не раскаиваюсь в том, что произошло. Надо любить, мы все должны любить – не правда ли? – без любви не было бы жизни; кто боится и избегает любви, тот не свободен.

Мало-помалу он перешел на другие темы, заговорил о науке, о своей диссертации, которая понравилась в Петербурге; он говорил с увлечением и уже не помнил ни о моей сестре, ни о своем горе, ни обо мне. Жизнь увлекала его. У той – Америка и кольцо с надписью, думал я, а у этого – докторская степень и ученая карьера, и только я и сестра остались при старом.

Простившись с ним, я подошел к фонарю и еще раз прочел письмо. И я вспомнил, живо вспомнил, как весной, утром, она пришла ко мне на мельницу, легла и укрылась полушубочком – ей хотелось походить на простую бабу. А когда, в другой раз, – это было тоже утром, – мы доставали из воды вершу, то на нас с прибрежных ив сыпались крупные капли дождя, и мы смеялись…

В нашем доме на Большой Дворянской было темно. Я перелез через забор и, как делал это в прежнее время, прошел черным ходом в кухню, чтобы взять там лампочку. В кухне никого не было: около печи шипел самовар, поджидая моего отца. «Кто-то теперь, – подумал я, – разливает отцу чай?» Взявши лампочку, я пошел в хибарку и тут примостил себе постель из старых газет и лег. Костыли на стенах сурово глядели по-прежнему, и тени их мигали. Было холодно. Мне представилось, что сейчас должна прийти сестра и принести мне ужин, но тотчас же я вспомнил, что она больна и лежит в доме Редьки, и мне показалось странным, что я перелез через забор и лежу в нетопленой хибарке. Сознанье мое путалось, и я видел всякий вздор.

Звонок. С детства знакомые звуки: сначала проволока шуршит по стене, потом в кухне раздается короткий, жалобный звон. Это из клуба вернулся отец. Я встал и отправился в кухню. Кухарка Аксинья, увидев меня, всплеснула руками и почему-то заплакала.

– Родной мой! – заговорила она тихо. – Дорогой! О, господи!

И от волнения стала мять в руках свой фартук. На окне стояли четвертные бутыли с ягодами и водкой. Я налил себе чайную чашку и с жадностью выпил, потому что мне сильно хотелось пить. Аксинья только недавно вымыла стол и скамьи, и в кухне был запах, какой бывает в светлых, уютных кухнях у опрятных кухарок. И этот запах и крик сверчка когда-то в детстве манили нас, детей, сюда в кухню и располагали к сказкам, к игре в короли…

– А Клеопатра где? – спрашивала Аксинья тихо, торопясь, сдерживая дыхание. – А шапка твоя где, батюшка? А жена, сказывают, в Питер уехала?

Она служила еще при нашей матери и купала когда-то меня и Клеопатру в корыте, и теперь для нее мы все еще были дети, которых нужно было наставлять. В какие-нибудь четверть часа она выложила передо мною все свои соображения, какие с рассудительностью старой слуги скапливала в тиши этой кухни все время, пока мы не виделись. Она сказала, что доктора можно заставить жениться на Клеопатре, – стоит только припугнуть его, и если хорошо написать прошение, то архиерей расторгнет его первый брак; что хорошо бы потихоньку от жены Дубечню продать, а деньги положить в банк на мое имя; что если бы я и сестра поклонились отцу в ноги и попросили хорошенько, то, быть может, он простил бы нас; что надо бы отслужить молебен царице небесной…

– Ну, иди, батюшка, поговори с ним, – сказала она, когда послышался кашель отца. – Ступай, поговори, поклонись, голова не отвалится.

Я пошел. Отец уже сидел за столом и чертил план дачи с готическими окнами и с толстою башней, похожею на пожарную каланчу, – нечто необыкновенно упрямое и бездарное. Я, войдя в кабинет, остановился так, что мне был виден этот чертеж. Я не знал, зачем я пришел к отцу, но помню, когда я увидел его тощее лицо, красную шею, его тень на стене, то мне захотелось броситься к нему на шею и, как учила Аксинья, поклониться ему в ноги; но вид дачи с готическими окнами и с толстою башней удержал меня.

– Добрый вечер, – сказал я.

Он взглянул на меня и тотчас же опустил глаза на свой чертеж.

– Что тебе нужно? – спросил он немного погодя.

– Я пришел вам сказать – сестра очень больна. Она скоро умрет, – добавил я глухо.

– Что ж? – вздохнул отец, снимая очки и кладя их на стол. – Что посеешь, то и пожнешь. Что посеешь, – повторил он, вставая из-за стола, – то и пожнешь. Я прошу тебя вспомнить, как два года назад ты пришел ко мне, и вот на этом самом месте я просил тебя, умолял оставить свои заблуждения, напоминал тебе о долге, чести и о твоих обязанностях по отношению к предкам, традиции которых мы должны свято хранить. Послушал ли ты меня? Ты пренебрег моими советами и с упорством продолжал держаться своих ложных взглядов; мало того, в свои заблуждения ты вовлек также сестру и заставил ее потерять нравственность и стыд. Теперь вам обоим приходится нехорошо. Что ж? Что посеешь, то и пожнешь!

Он говорил это и ходил по кабинету. Вероятно, он думал, что я пришел к нему с повинною, и, вероятно, он ждал, что я начну просить за себя и сестру. Мне было холодно, я дрожал, как в лихорадке, и говорил с трудом, хриплым голосом.

– И я тоже прошу вспомнить, – сказал я, – на этом самом месте я умолял вас понять меня, вдуматься, вместе решить,

98

как и для чего нам жить, а вы в ответ заговорили о предках, о дедушке, который писал стихи. Вам говорят теперь о том, что ваша единственная дочь безнадежна, а вы опять о предках, о традициях... И такое легкомыслие в старости, когда смерть не за горами, когда осталось жить каких-нибудь пять, десять лет!

– Ты зачем пришел сюда? – строго спросил отец, очевидно оскорбленный тем, что я попрекнул его легкомыслием.

– Не знаю. Я люблю вас, мне невыразимо жаль, что мы так далеки друг от друга, – вот я и пришел. Я еще люблю вас, но сестра уже окончательно порвала с вами. Она не прощает и уже никогда не простит. Ваше одно имя возбуждает в ней отвращение к прошлому, к жизни.

– А кто виноват? – крикнул отец. – Ты же и виноват, негодяй.

– Да, пусть я виноват, – сказал я. – Сознаю, я виноват во многом, но зачем же эта ваша жизнь, которую вы считаете обязательною и для нас, – зачем она так скучна, так бездарна, зачем ни в одном из этих домов, которые вы строите вот уже тридцать лет, нет людей, у которых я мог бы поучиться, как жить, чтобы не быть виноватым? Во всем городе ни одного честного человека! Эти ваши дома – проклятые гнезда, в которых сживают со света матерей, дочерей, мучают детей... Бедная моя мать! – продолжал я в отчаянии. – Бедная сестра! Нужно одурять себя водкой, картами, сплетнями, надо подличать, ханжить или десятки лет чертить и чертить, чтобы не замечать всего ужаса, который прячется в этих домах. Город наш существует уже сотни лет, и за все время он не дал родине ни одного полезного человека – ни одного! Вы душили в зародыше все мало-мальски живое и яркое! Город лавочников, трактирщиков, канцеляристов, попов, ненужный, бесполезный город, о котором не пожалела бы ни одна душа, если бы он вдруг провалился сквозь землю.

– Я не желаю слушать тебя, негодяй! – сказал отец и взял

со стола линейку. – Ты пьян! Ты не смеешь являться в таком виде к отцу! Говорю тебе в последний раз, и передай это своей безнравственной сестре, что вы от меня ничего не получите. Непокорных детей я вырвал из своего сердца, и если они страдают от непокорности и упорства, то я не жалею их. Можешь уходить откуда пришел! Богу угодно было наказать меня вами, но я со смирением переношу это испытание и, как Иов, нахожу утешение в страданиях и постоянном труде. Ты не должен переступать моего порога, пока не исправишься. Я справедлив, все, что я говорю, это полезно, и если ты хочешь себе добра, то ты должен всю свою жизнь помнить то, что я говорил тебе и говорю.

Я махнул рукой и вышел. Затем не помню, что было ночью и на другой день.

Говорят, что я ходил по улицам без шапки, шатаясь, и громко пел, а за мною толпами ходили мальчишки и кричали:

– Маленькая польза! Маленькая польза!

XX

Если бы у меня была охота заказать себе кольцо, то я выбрал бы такую надпись: «Ничто не проходит». Я верю, что ничто не проходит бесследно и что каждый малейший шаг наш имеет значение для настоящей и будущей жизни.

То, что я пережил, не прошло даром. Мои большие несчастья, мое терпение тронули сердца обывателей, и теперь меня уже не зовут маленькой пользой, не смеются надо мною, и, когда я прохожу торговыми рядами, меня уже не обливают водой. К тому, что я стал рабочим, уже привыкли и не видят ничего странного в том, что я, дворянин, ношу ведра с краской и вставляю стекла; напротив, мне охотно дают заказы, и я считаюсь уже хорошим мастером и лучшим подрядчиком, после Редьки, который хотя и выздоровел и хотя по-прежнему красит без подмостков купола на колокольнях, но уже не в силах управляться с ребятами; вместо него я теперь бегаю по городу и ищу заказов, я нанимаю и рассчитываю ребят, я беру деньги взаймы под большие проценты. И теперь, ставши подрядчиком, я понимаю, как это из-за грошового заказа можно дня по три бегать по городу и искать кровельщиков. Со мною вежливы, говорят мне вы, и в домах, где я работаю, меня угощают чаем и присылают спросить, не хочу ли я обедать. Дети и девушки часто приходят и с любопытством и с грустью смотрят на меня.

Как-то я работал в губернаторском саду, красил там беседку под мрамор. Губернатор, гуляя, зашел в беседку и от нечего делать заговорил со мною, и я напомнил ему, как он когда-то приглашал меня к себе для объяснений. Он минуту вглядывался мне в лицо, потом сделал рот, как о, развел руками и сказал:

– Не помню!

Я постарел, стал молчалив, суров, строг, редко смеюсь, и говорят, что я стал похож на Редьку и, как он, нагоняю на ребят скуку своими бесполезными наставлениями.

Мария Викторовна, бывшая жена моя, живет теперь за границей, а ее отец, инженер, где-то в восточных губерниях строит дорогу и покупает там имения. Доктор Благово тоже за границей. Дубечня перешла опять к госпоже Чепраковой, которая купила ее, выторговав у инженера двадцать процентов уступки. Моисей ходит уже в шляпе котелком; он часто приезжает в город на беговых дрожках по каким-то делам и останавливается около банка. Говорят, что он уже купил себе имение с переводом долга и постоянно справляется в банке насчет Дубечни, которую тоже собирается купить. Бедный Иван Чепраков долго шатался по городу, ничего не делая и пьянствуя. Я попытался было пристроить его к нашему делу, и одно время он вместе с нами красил крыши и вставлял стекла и даже вошел во вкус и, как настоящий маляр, крал олифу, просил на чай, пьянствовал. Но скоро дело надоело ему, он заскучал и вернулся в Дубечню, и потом ребята признавались мне, что он подговаривал их как-нибудь ночью вместе с ним убить Моисея и ограбить генеральшу.

Отец сильно постарел, сгорбился и по вечерам гуляет около своего дома. Я у него не бываю.

Прокофий во время холеры лечил лавочников перцовкой и дегтем и брал за это деньги, и, как я узнал из нашей газеты, его наказывали розгами за то, что он, сидя в своей мясной лавке, дурно отзывался о докторах. Его приказчик Николка умер от холеры. Карповна еще жива и по-прежнему любит и боится своего Прокофия. Увидев меня, она всякий раз печально качает головой и говорит со вздохом:

– Пропала твоя головушка!

В будни я бываю занят с раннего утра до вечера. А по праздникам, в хорошую погоду, я беру на руки свою крошечную племянницу (сестра ожидала мальчика, но родилась у нее девочка) и иду не спеша на кладбище. Там я стою или сижу и подолгу смотрю на дорогую мне могилу и говорю девочке, что тут лежит ее мама.

Иногда у могилы я застаю Анюту Благово. Мы здороваемся и стоим молча или говорим о Клеопатре, об ее девочке, о том, как грустно жить на этом свете. Потом, выйдя из кладбища, мы идем молча, и она замедляет шаг – нарочно, чтобы подольше идти со мной рядом. Девочка, радостная, счастливая, жмурясь от яркого дневного света, смеясь, протягивает к ней ручки, и мы останавливаемся и вместе ласкаем эту милую девочку.

А когда входим в город, Анюта Благово, волнуясь и краснея, прощается со мною и продолжает идти одна, солидная, суровая… И уже никто из встречных, глядя на нее, не мог бы подумать, что она только что шла рядом со мною и даже ласкала ребенка.

www.ingramcontent.com/pod-product-compliance
Lightning Source LLC
Chambersburg PA
CBHW020648250626
47154CB00008B/2863